ALÉM DA CHUVA

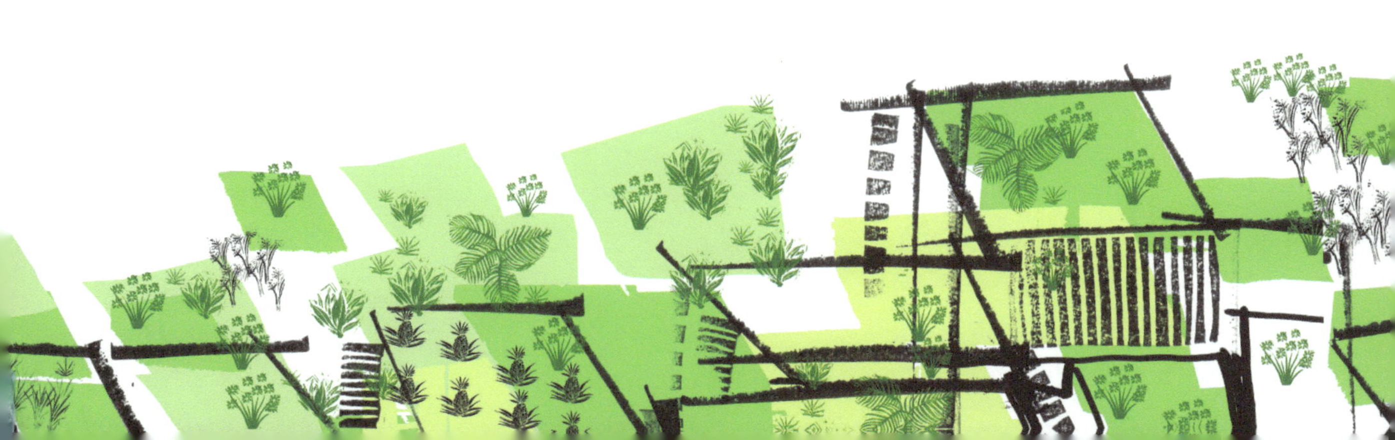

ALÉM DA

Michel Gorski

1ª edição

FTD

São Paulo – 2020

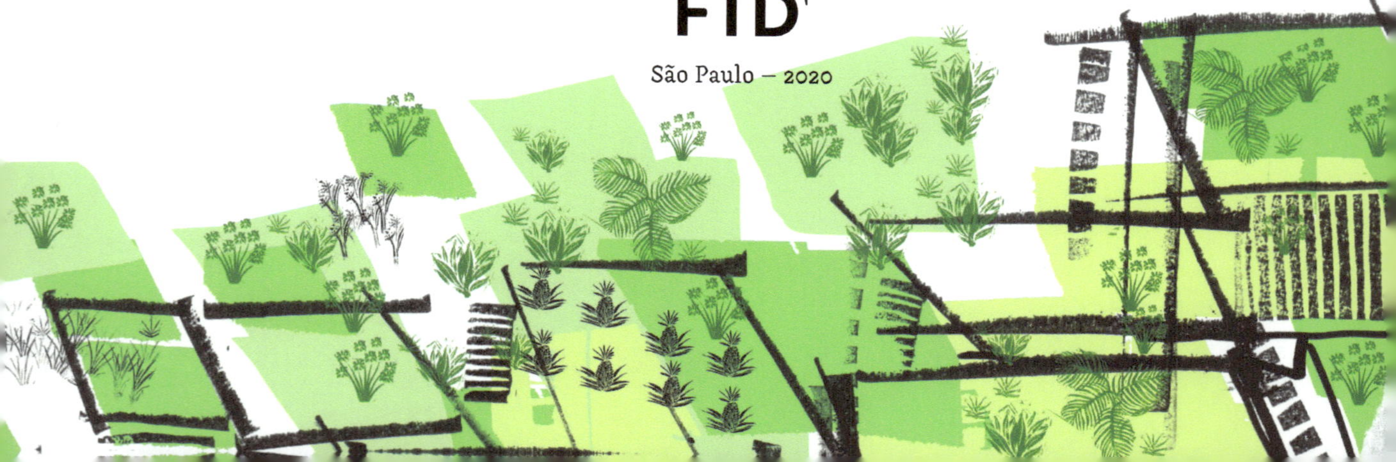

CHUVA

Fernando Vilela

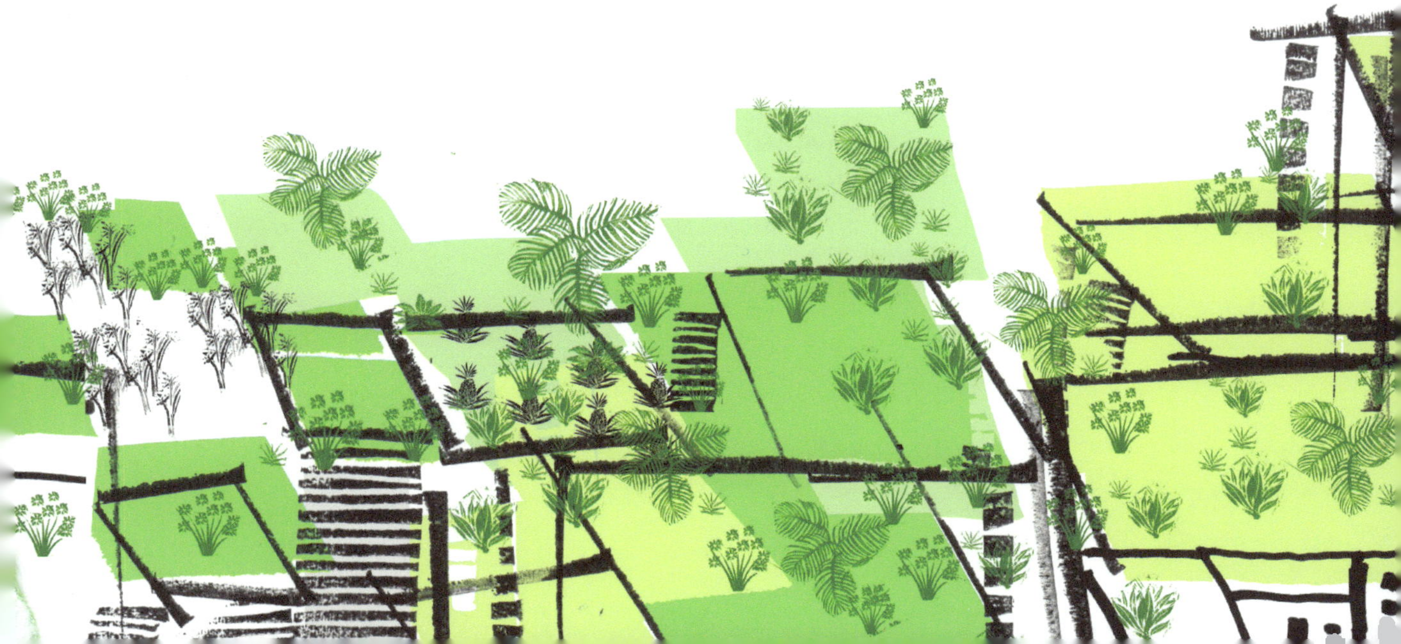

FTD

EDITORA FTD S.A.
Matriz: Rua Rui Barbosa, 156 – Bela Vista – São Paulo – SP
CEP 01326-010 – Tel. (0-XX-11) 3598-6000
Caixa Postal 65149 – CEP da Caixa Postal 01390-970
Internet: www.ftd.com.br
E-mail: central.relacionamento@ftd.com.br
Central de atendimento: 0800 772 2300

Diretor-geral Ricardo Tavares de Oliveira
Gerente editorial Isabel Lopes Coelho
Editor Estevão Azevedo
Editora assistente Camila Saraiva
Coordenador de produção editorial Leandro Hiroshi Kanno
Preparadora Marina Nogueira
Revisoras Aurea Santos e Cátia de Almeida
Editores de arte Daniel Justi e Camila Catto
Projeto gráfico Fernando Vilela, Daniel Justi e Camila Catto
Coordenadora de texto e imagem Marcia Berne
Pesquisadora iconográfica Rosa André
Diretor de operações e produção gráfica Reginaldo Soares Damasceno

Dados Internacionais de Catalogação na Publicação (CIP)
(Câmara Brasileira do Livro, SP, Brasil)

Gorski, Michel
Além da chuva / Michel Gorski, Fernando Vilela;
ilustrações Fernando Vilela. — 1. ed. — São Paulo: FTD, 2020.

ISBN 978-85-96-02757-1

1. Ficção - Literatura infantojuvenil I. Vilela, Fernando. II. Título.

20-33628 CDD-028.5

Índices para catálogo sistemático:
1. Ficção: Literatura infantil 028.5
2. Ficção: Literatura infantojuvenil 028.5

Maria Alice Ferreira — Bibliotecária — CRB-8/7964

Crédito das imagens: Pablo Porlan/Hans Lucas/AFP (p. 40); Michel Porro/ Getty Images (p. 42); Acervo pessoal (p. 43).

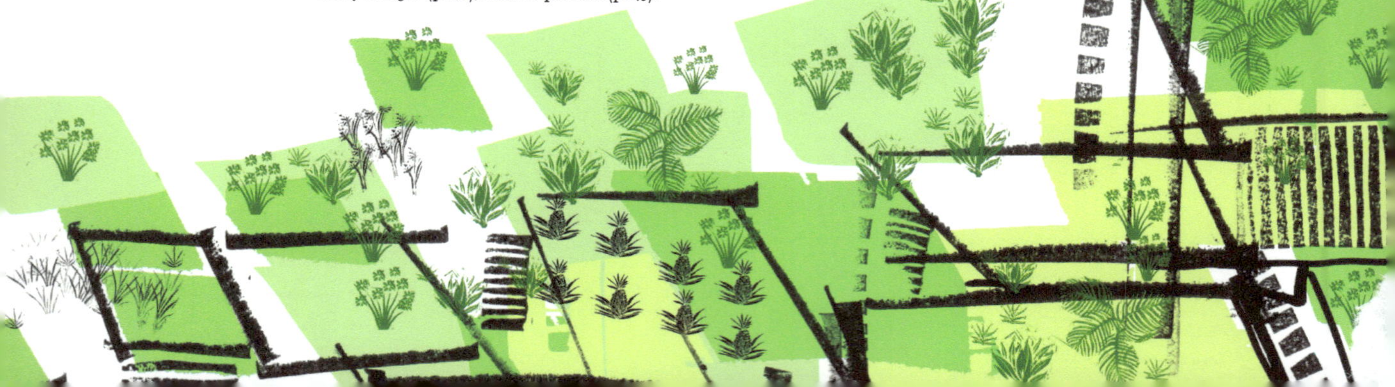

À memória da vovó Elza com seu quintal-horta;
à Stela com suas traquitanas de água; e ao Tom,
em nome das crianças na busca de um mundo melhor.

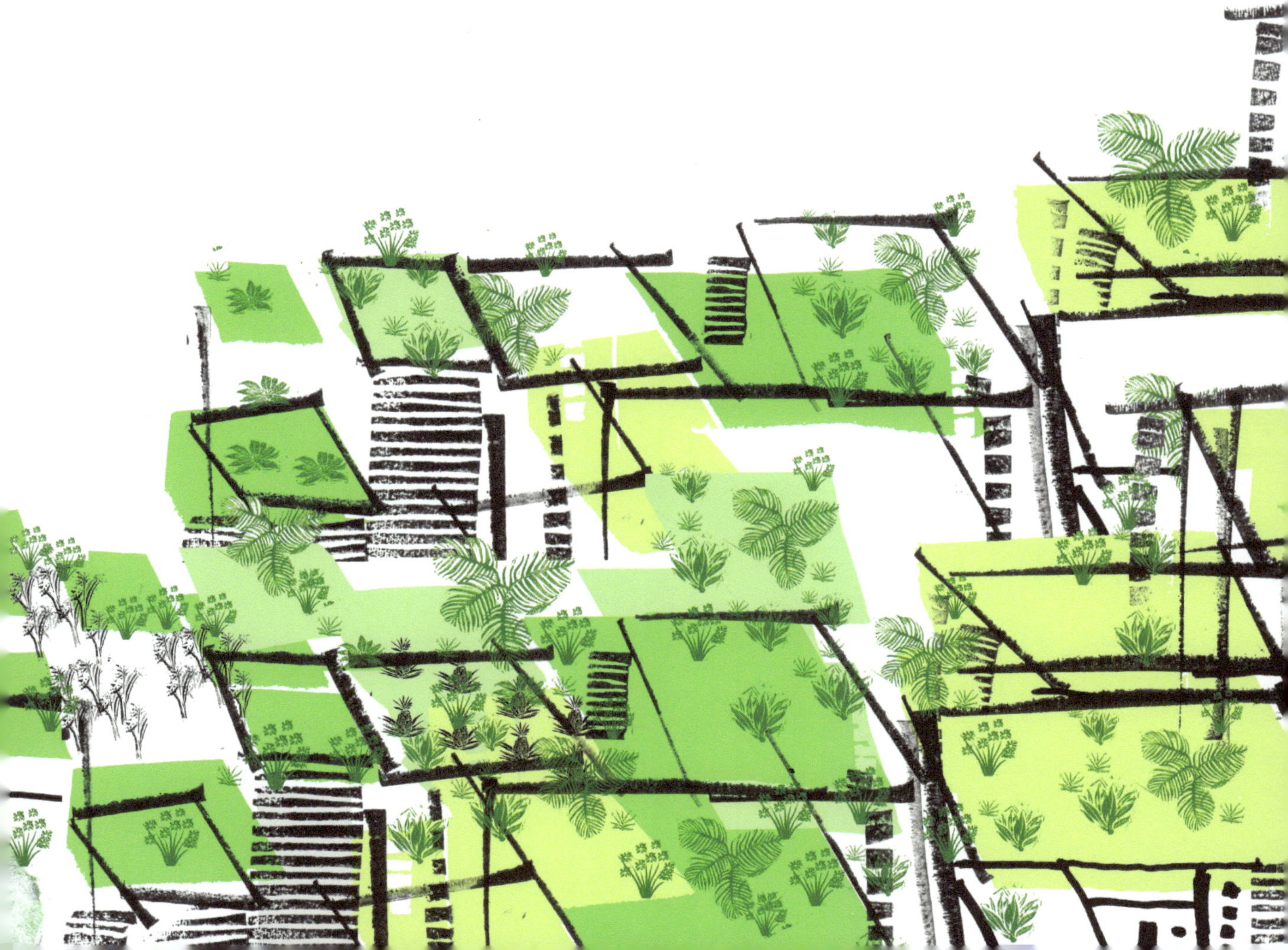

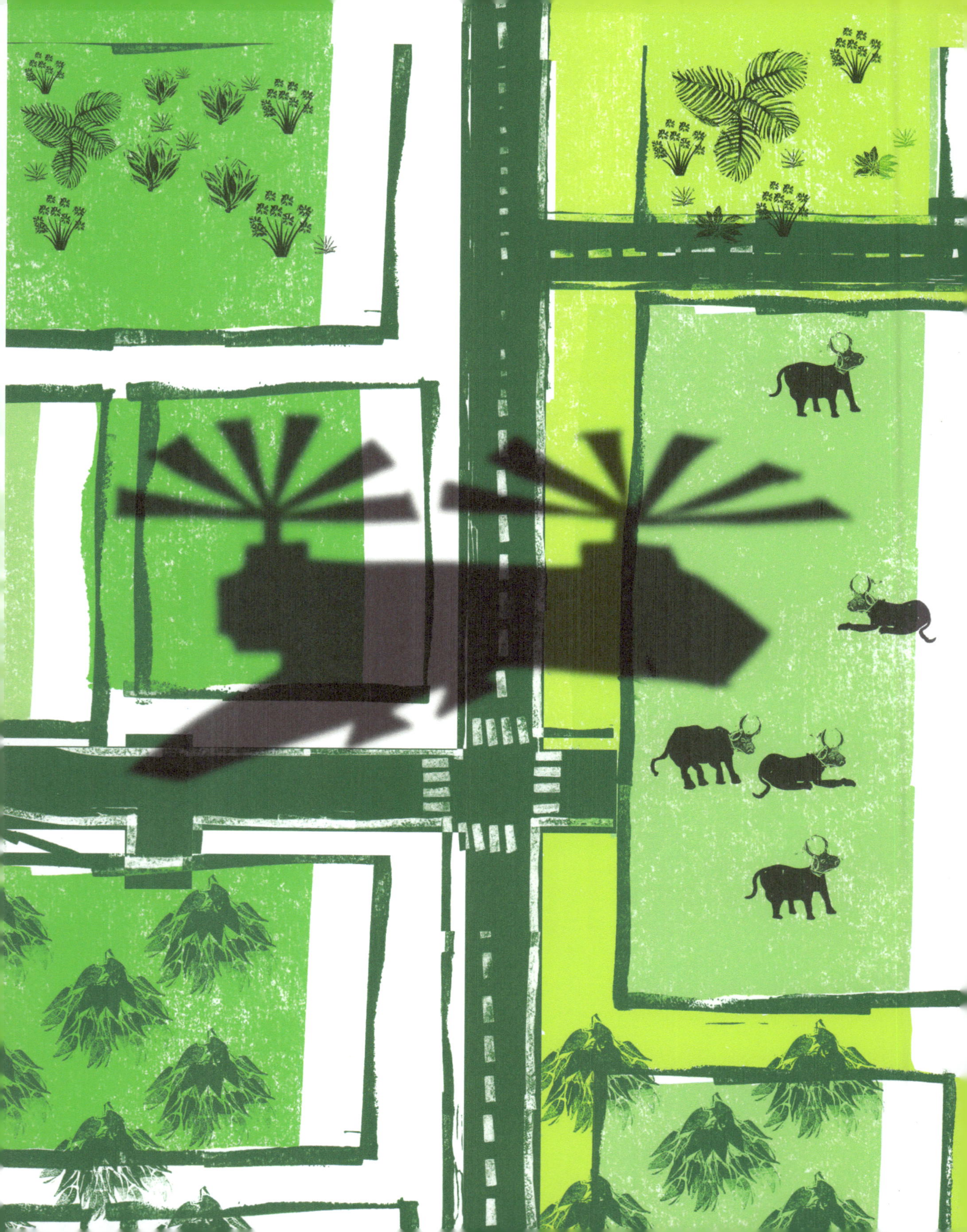

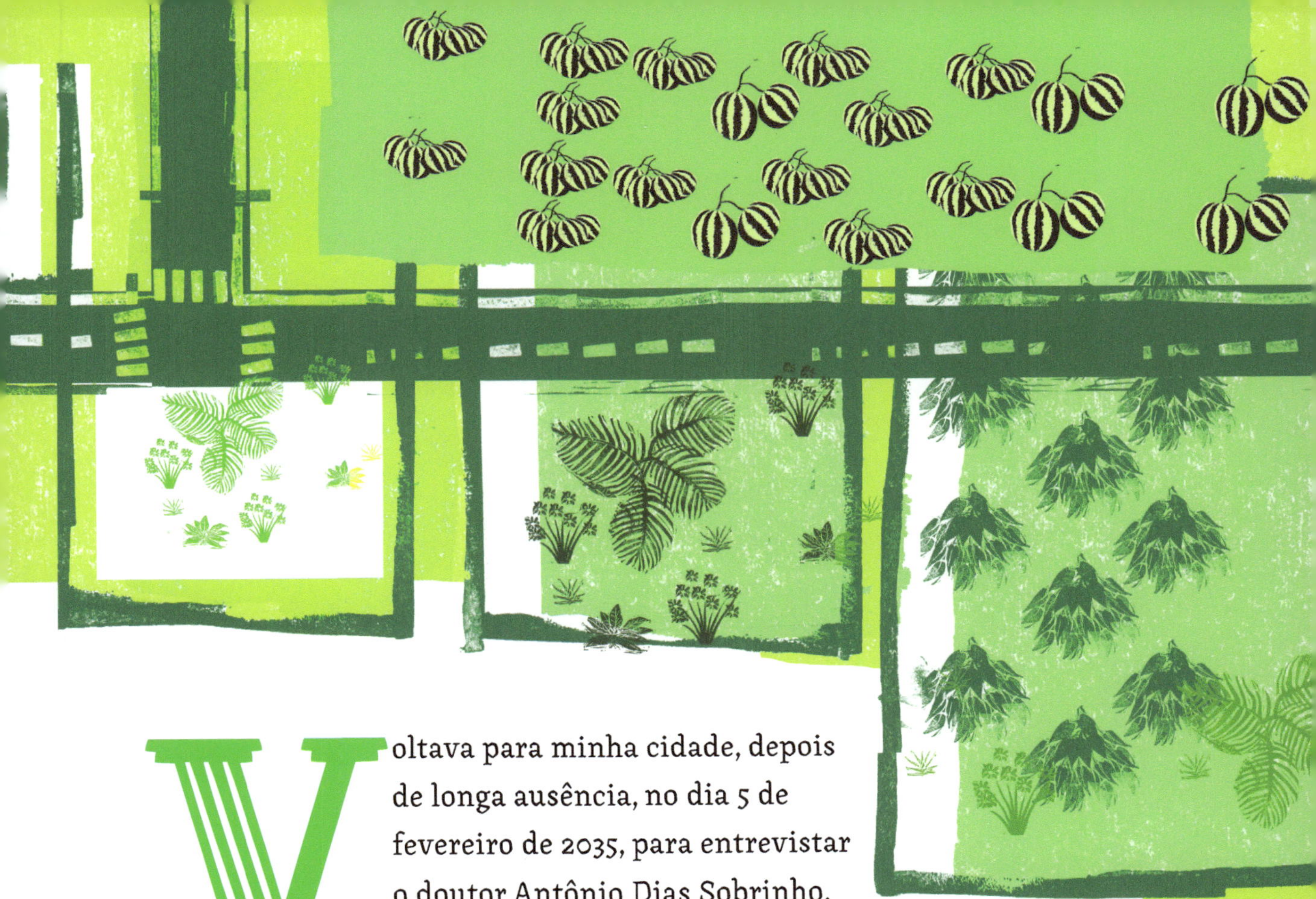

Voltava para minha cidade, depois de longa ausência, no dia 5 de fevereiro de 2035, para entrevistar o doutor Antônio Dias Sobrinho, agora um renomado inventor.

Estava distraído no amplo espaço interno do avicóptero e, ao olhar pela janelinha, perguntei para a aeromoça:

— Onde está a cidade? O aparelho está quase no chão!

— Senhor, já vamos aterrissar na base intermodal leste da cidade de São Paulo — ela respondeu. — Por favor, aperte o cinto. Pousaremos antes da tempestade que se aproxima.

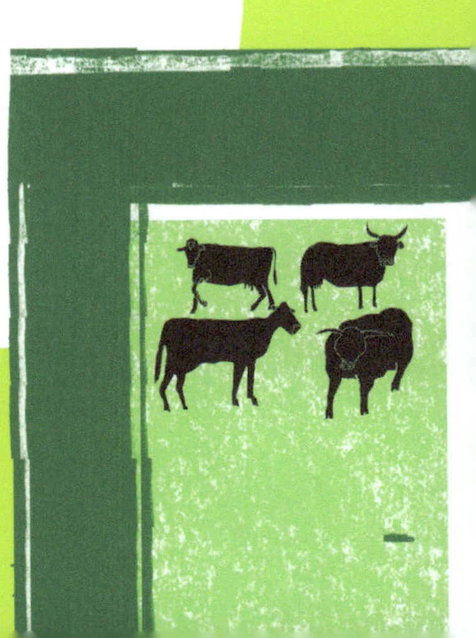

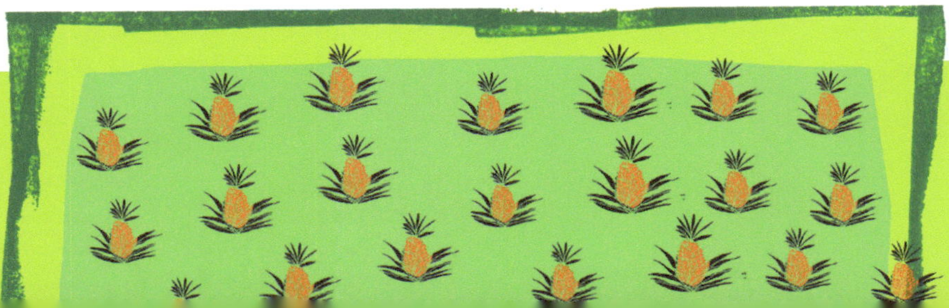

Mal consegui reconhecer a paisagem urbana. Lá de cima, eu via rios, campos verdes e diversas plantações.

Estava ansioso para reencontrar meu amigo Tonico, que não via há anos. “Será que ele mudou muito desde que virou um cientista famoso?”, pensei.

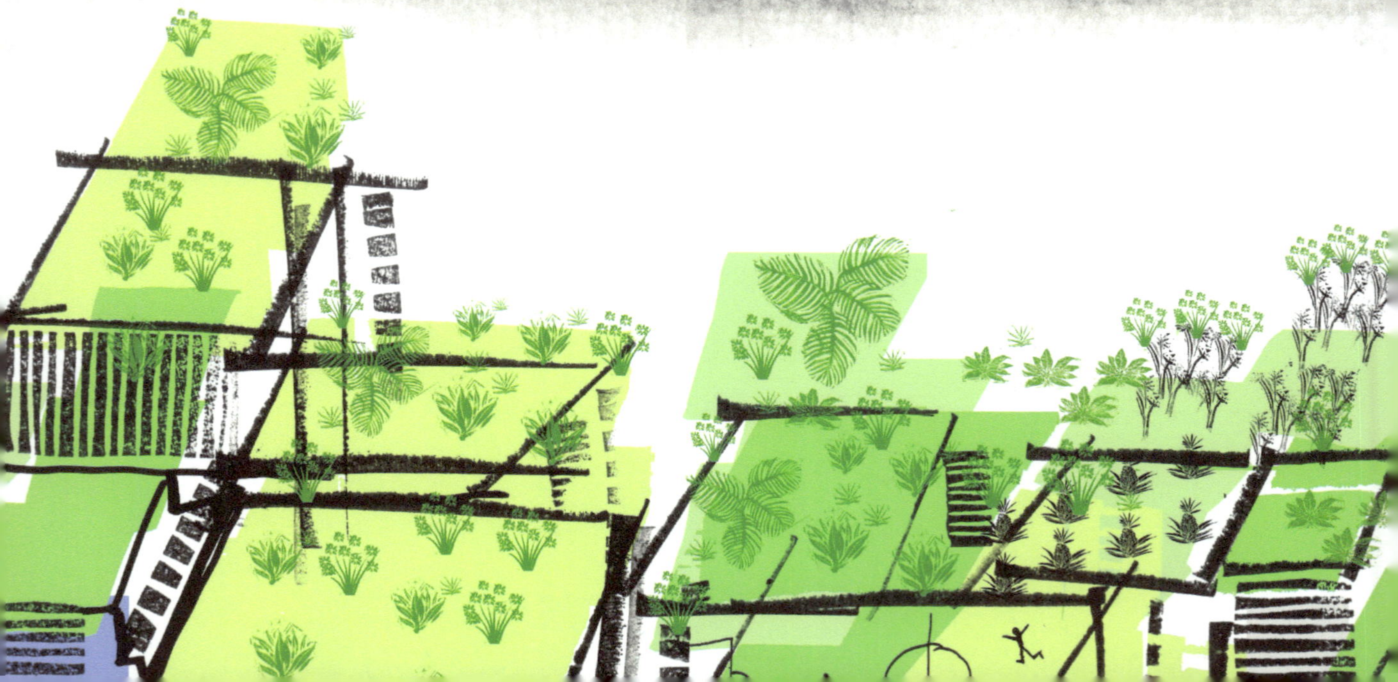

As nuvens escuras me fizeram recordar da temporada de chuvas de verão. Em 2010, éramos uma turma de amigos de escola inseparáveis: a Maria, a Lucinha, o Tonico e eu.

Tenho aquele verão na memória como se fosse ontem. Foi o ano que mais choveu no mundo; ou pelo menos no nosso pequeno universo, o bairro da Mooca.

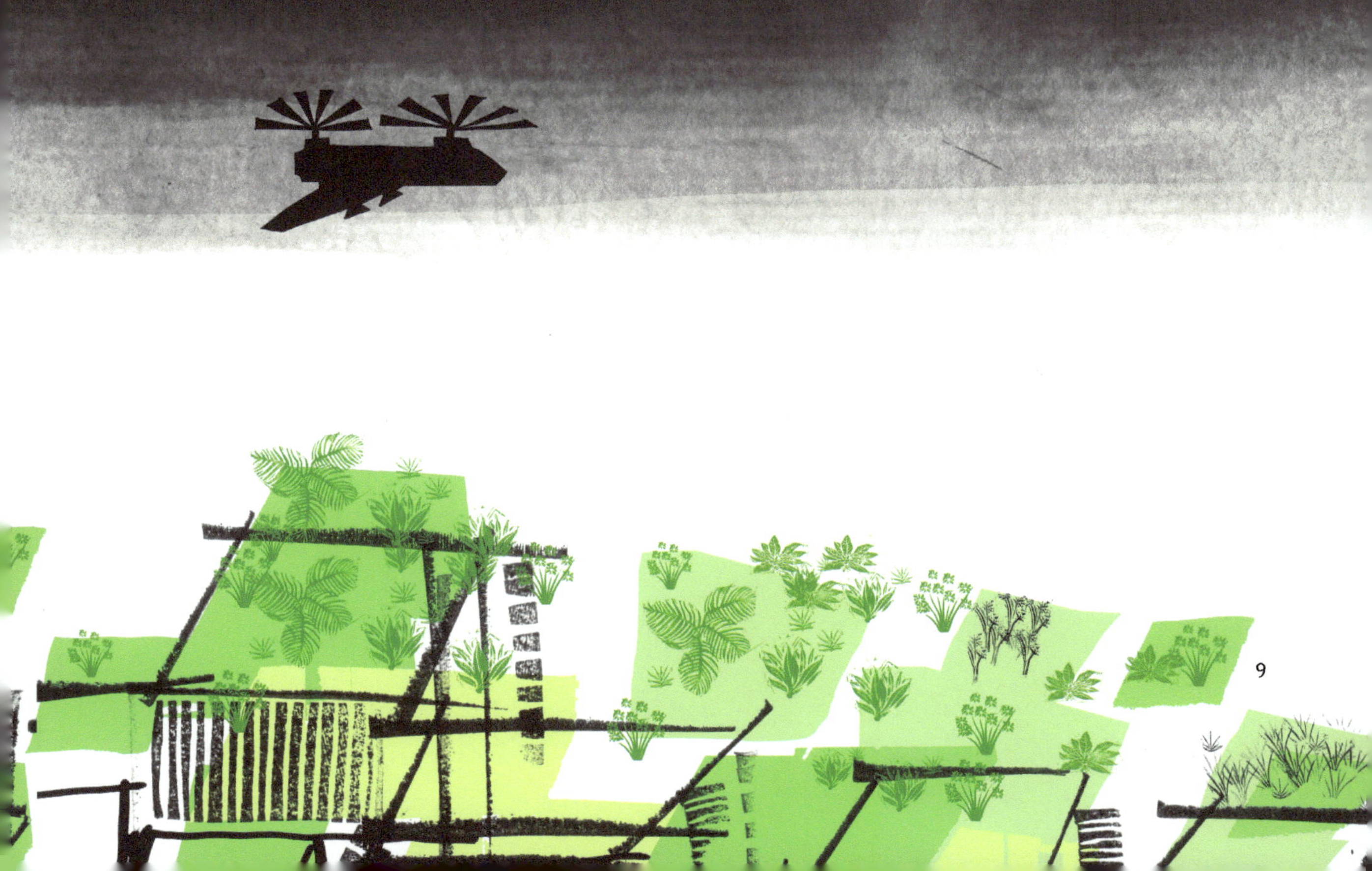

Chovia todo dia. À tarde caía um dilúvio, bem na hora em que eu estava de carro na rua com minha mãe. A água inundava tudo, e a gente demorava um tempão para chegar a qualquer lugar. Minha mãe reclamava, minha irmã menor chorava, e sempre havia um culpado — a chuva!

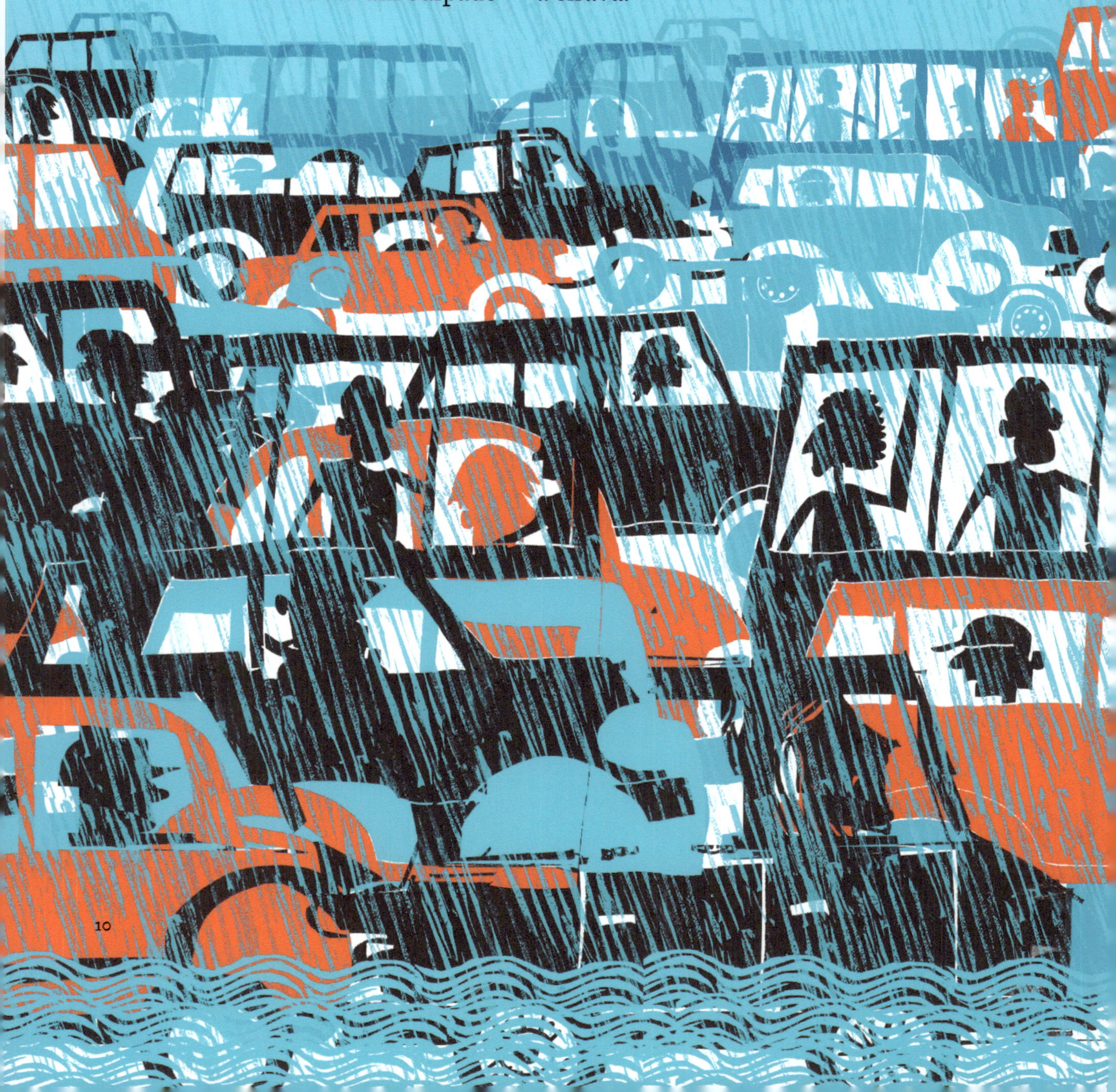

Muita gente amava a chuva, mas, nas tempestades de verão, mudava de ideia e passava a odiá-la. Para brincar e jogar bola, era uma delícia, mas, para quem tinha que cruzar a inundação e ficar todo encharcado, não era nada fácil.

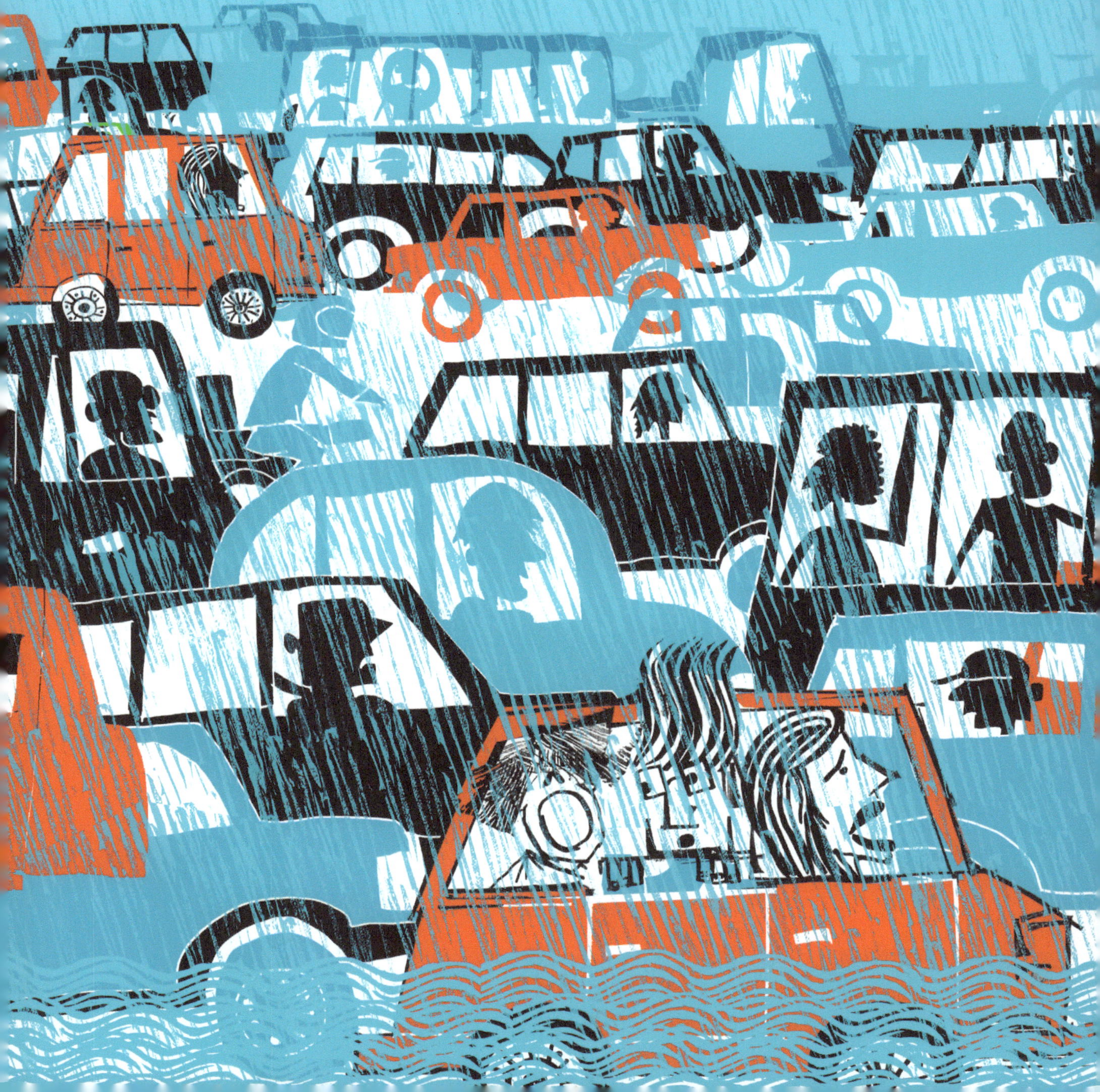

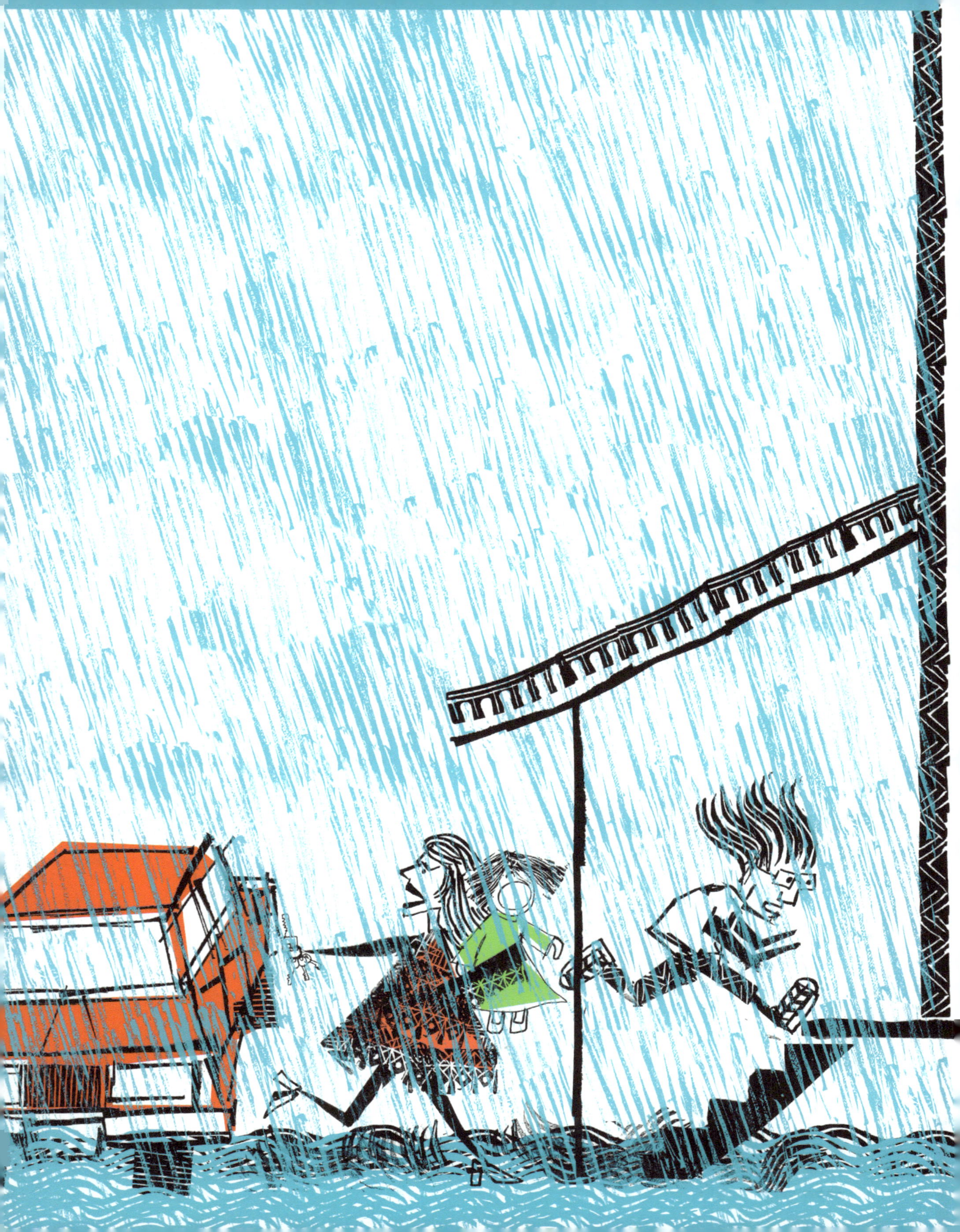

Quando chegávamos em casa, minha mãe, irritada, sempre dizia:

— Quando é que esta cidade vai melhorar? Ninguém cuida disso! Todo ano é a mesma coisa!

Desde aquele tempo, eu já disparava minha metralhadora perguntativa:

— Mamãe, por que o rio transborda? Por que a cidade inunda? Como ninguém faz nada? O que eu tenho que fazer pra melhorar tudo isso? Por que a chuva é tão ruim?

— Meu filho, a chuva deveria ser boa. Ela é essencial pra nossa vida, mas nesta cidade tudo fica bagunçado, entupido e inundado com ela. A chuva não traria problemas se as pessoas soubessem o que fazer com toda essa água que cai do céu.

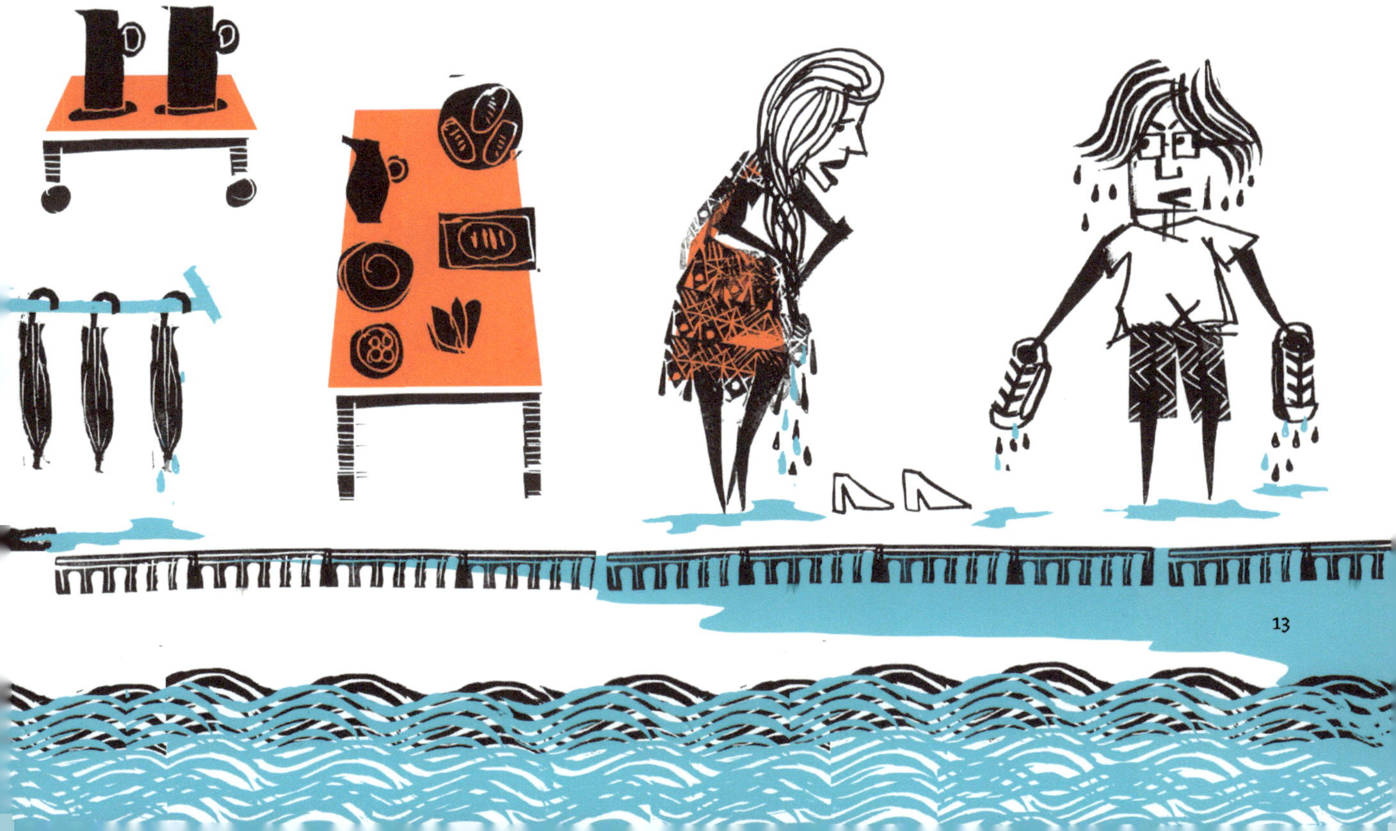

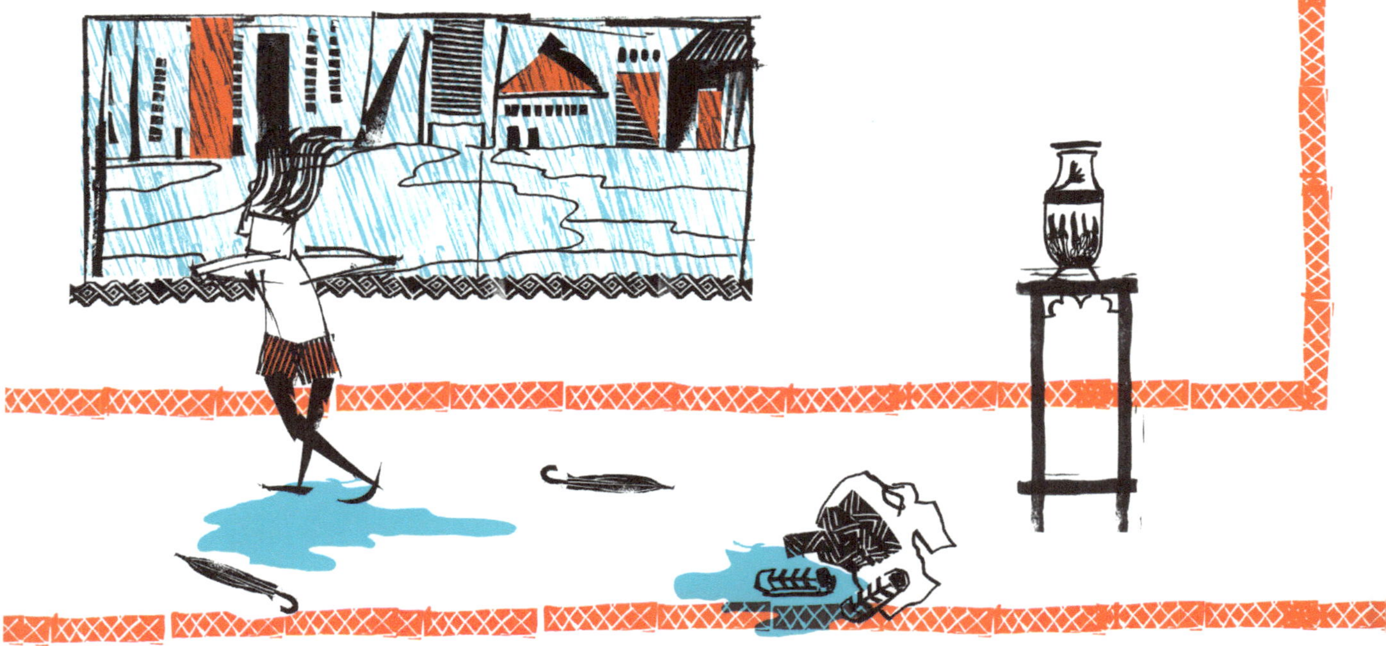

Naquele dia, eu pensei que para a chuva ser boa "feito antigamente", como diria meu avô, ela tinha que ser boa sempre.

Então tive a grande ideia da minha vida: juntar meus melhores amigos numa reunião de emergência para resolver aquela questão de uma vez por todas. Bem naquele momento, o telefone de casa tocou.

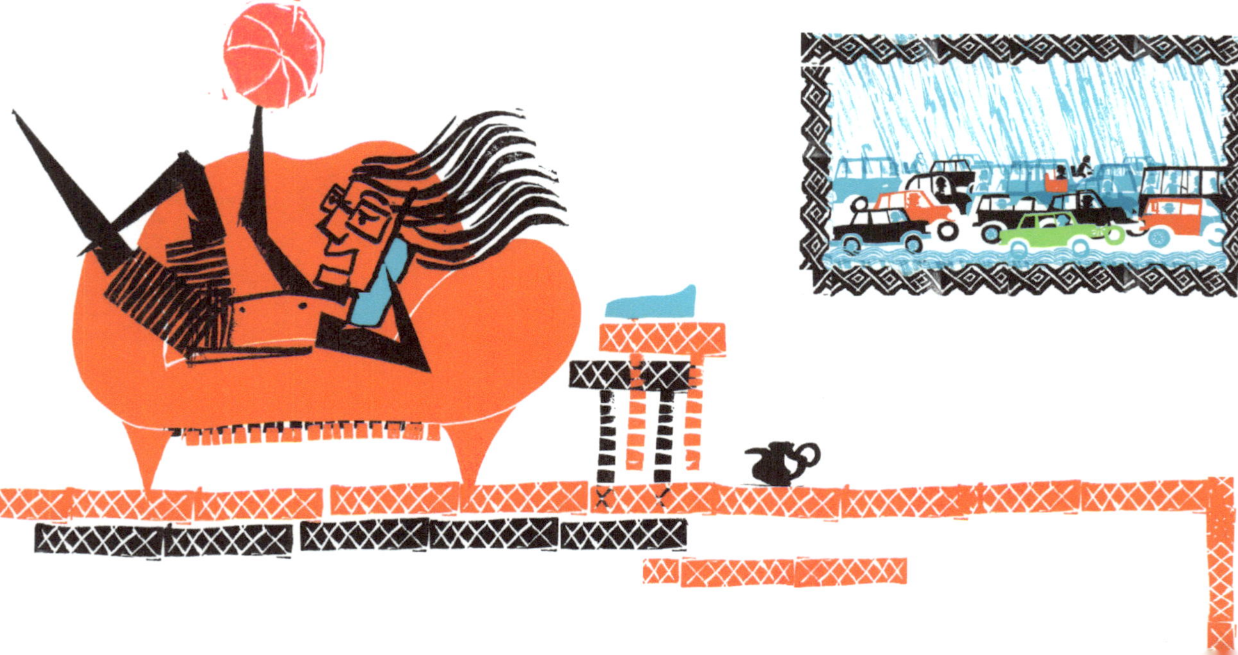

— Alô... Carlinhos?!

— Vem pra minha casa já, Maria!

— Eu não posso, está chovendo, até dentro da minha casa tem goteiras.

— É exatamente esse o problema! Você só quer sombra e água fresca?

— Estamos de férias! Não temos problemas pra resolver... Nem nas aulas você gosta de resolver problemas!

— É urgente, Maria! Se não fizermos nada, essa inundação vai deixar minha mãe maluca!

— A minha também está furiosa: chegou em casa encharcada e disse que a rua está cheia de água.

— Então você me ajuda a chamar o pessoal?

— É pra já!

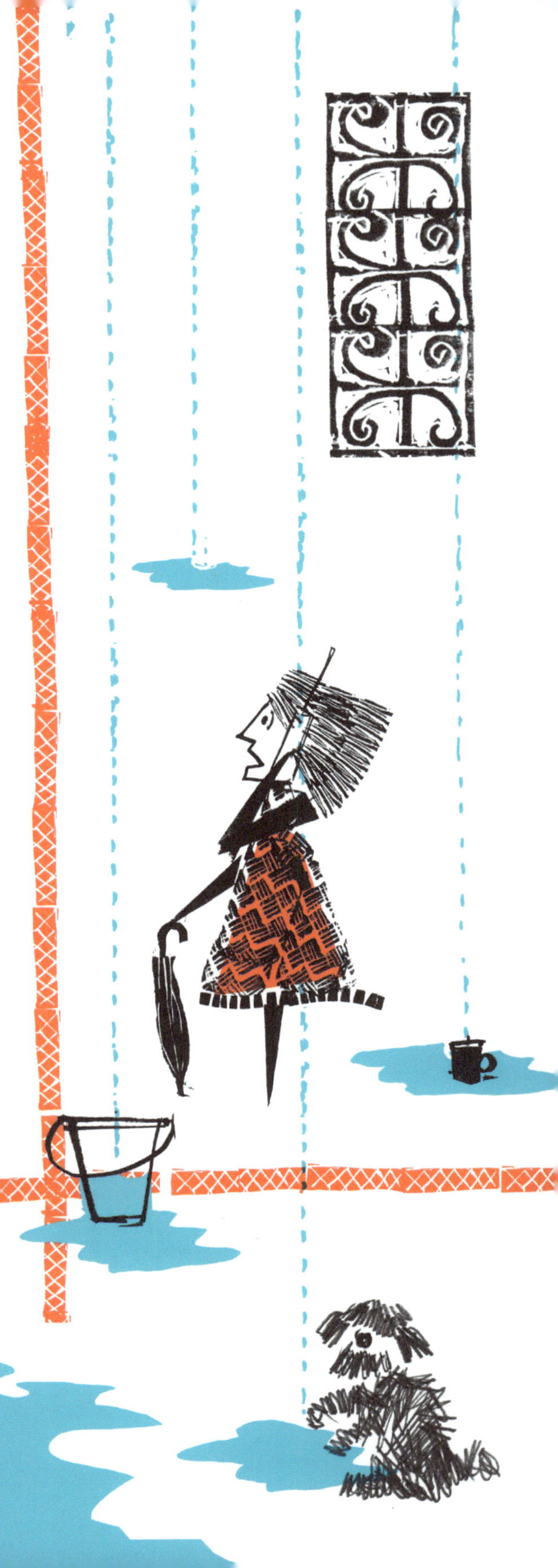

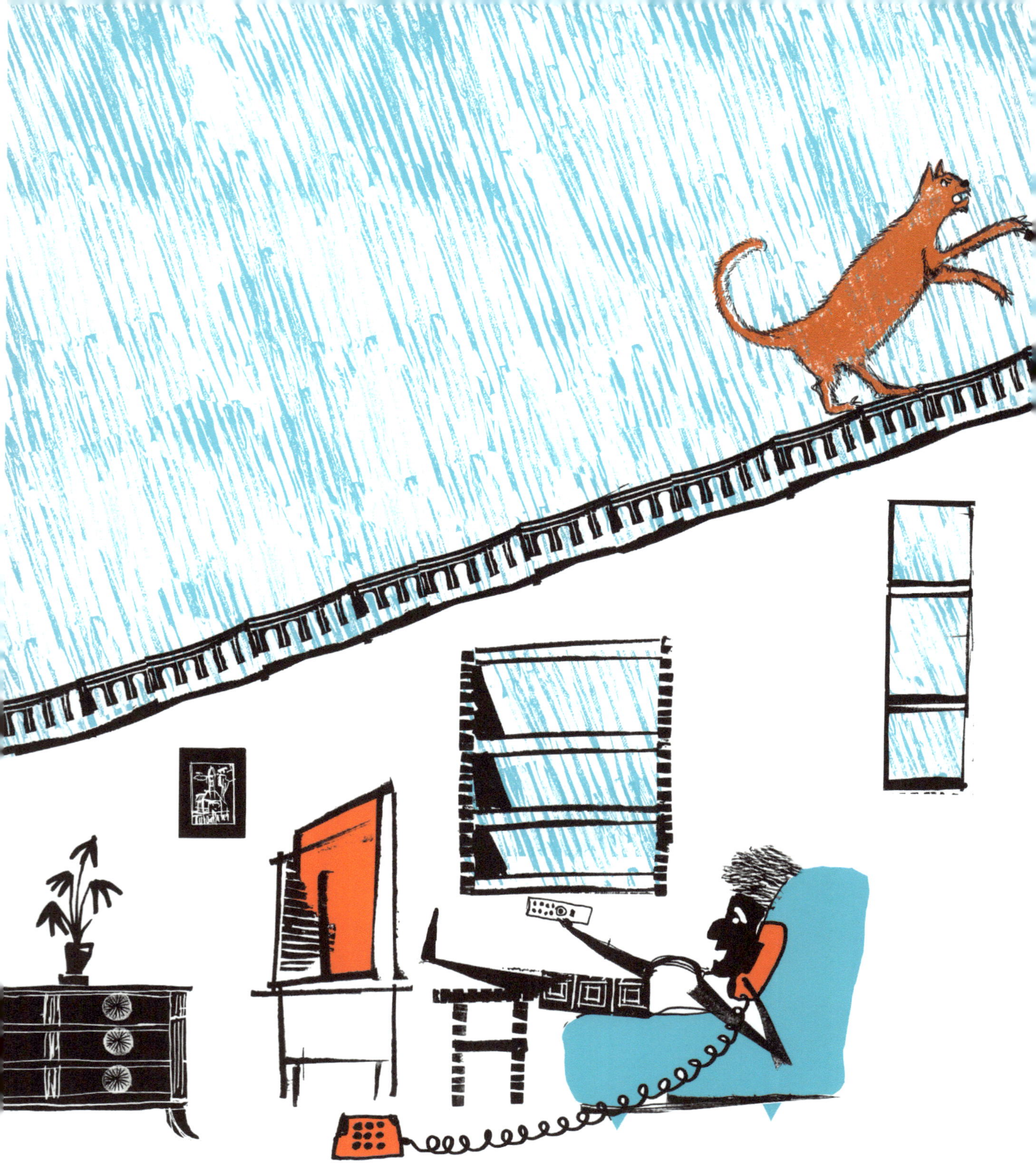

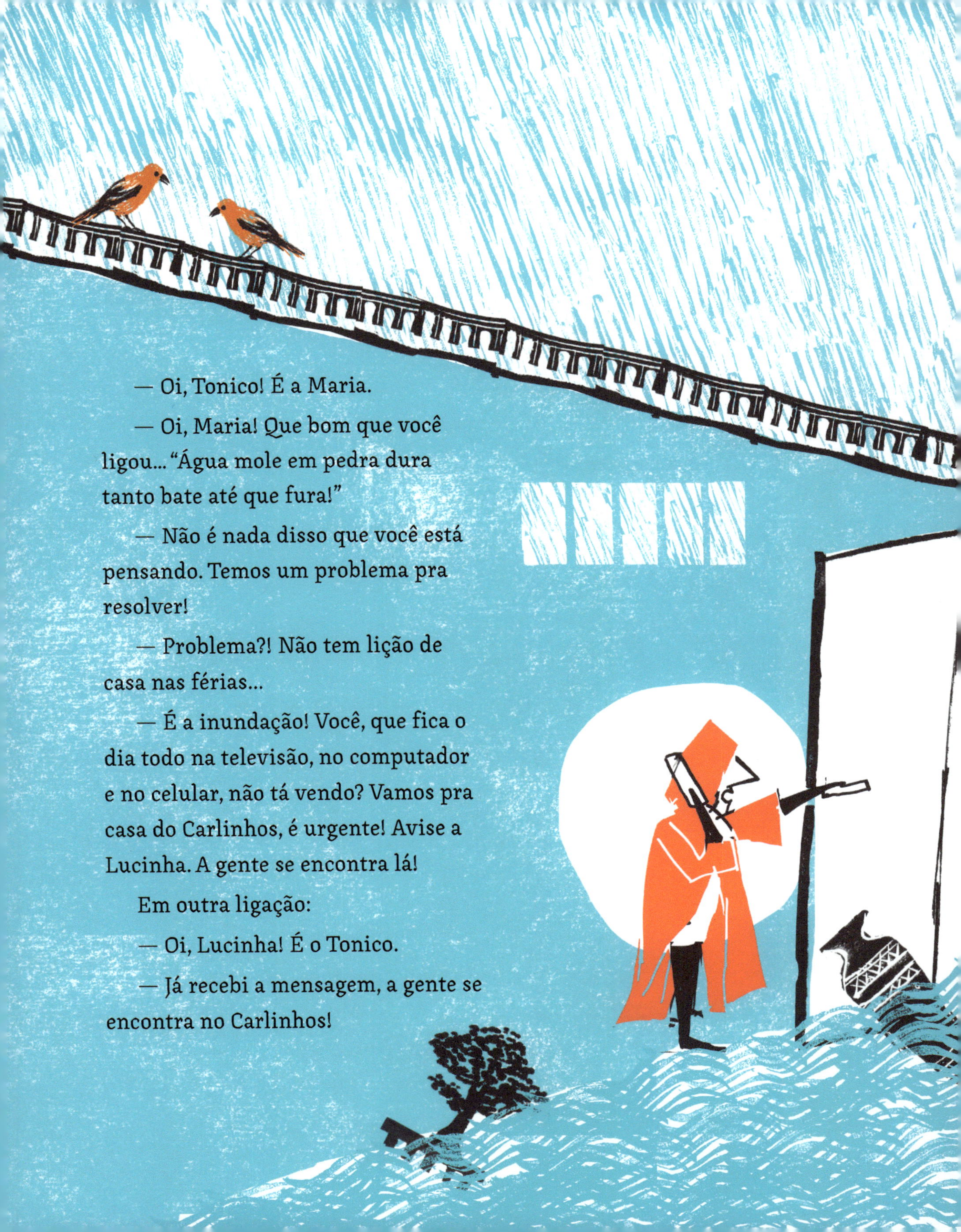

— Oi, Tonico! É a Maria.

— Oi, Maria! Que bom que você ligou… "Água mole em pedra dura tanto bate até que fura!"

— Não é nada disso que você está pensando. Temos um problema pra resolver!

— Problema?! Não tem lição de casa nas férias…

— É a inundação! Você, que fica o dia todo na televisão, no computador e no celular, não tá vendo? Vamos pra casa do Carlinhos, é urgente! Avise a Lucinha. A gente se encontra lá!

Em outra ligação:

— Oi, Lucinha! É o Tonico.

— Já recebi a mensagem, a gente se encontra no Carlinhos!

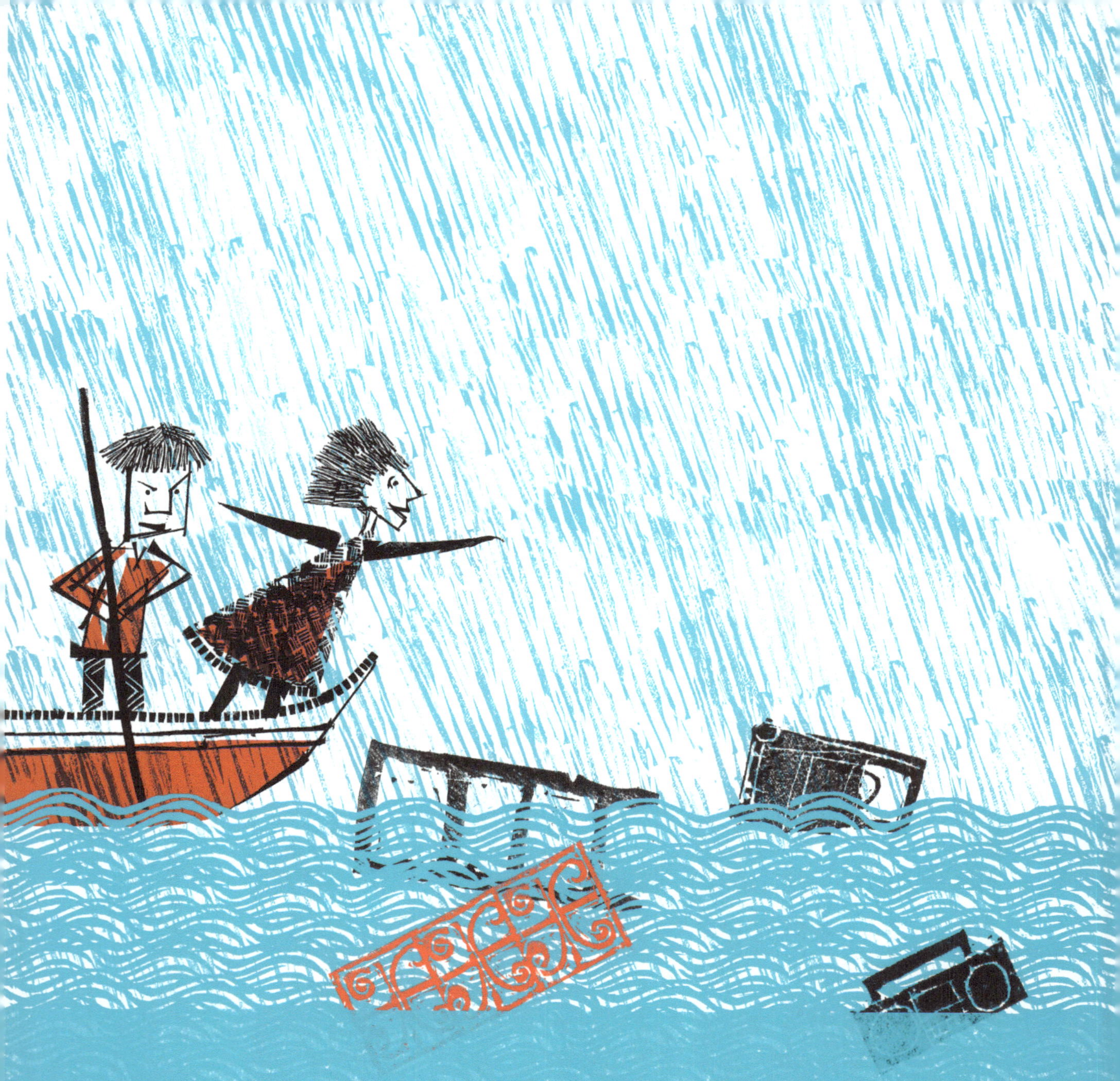

Todos chegaram juntos. Lucinha, que morava perto, precisou usar as botas de pesca do pai. Maria foi de barco, de carona com o irmão. Tonico chegou com duas pranchas de surfe, para se garantir, e nem percebeu que, com a ventania,

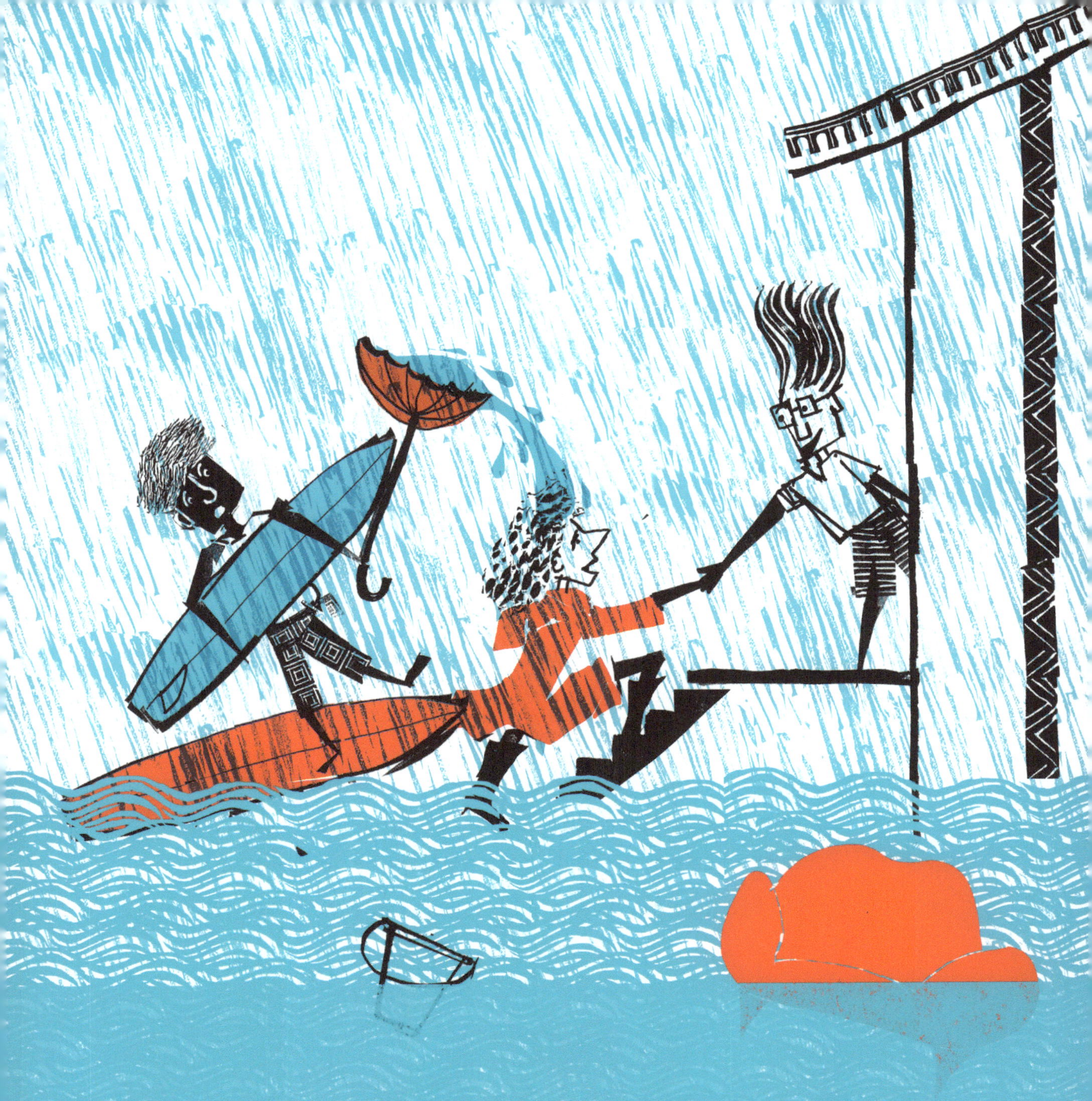

seu guarda-chuva tinha ficado do avesso. Quando se distraiu, deixou toda a água cair na cabeça da Lucinha. Maria gritou:

— Nossa, Tonico! Seu guarda-chuva guardou mesmo a chuva!

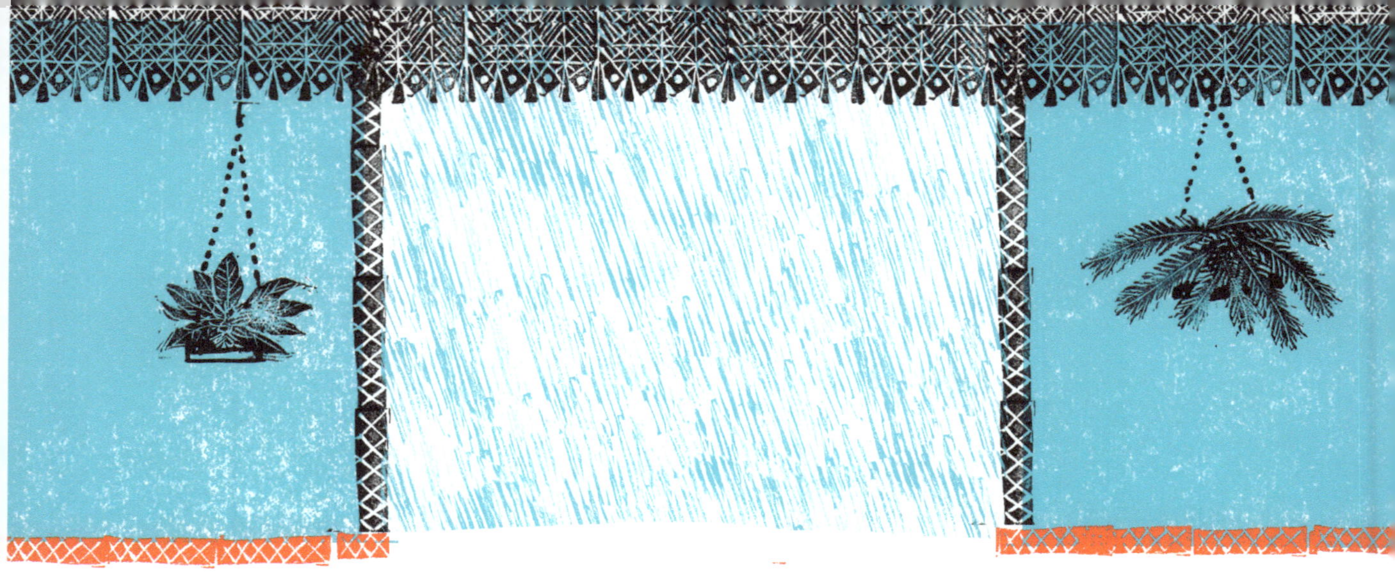

Começamos nossa reunião. Maria, que sempre teve a letra mais bonita, foi eleita a anotadora. Não dava para usar o computador, pois sempre faltava luz nos dias de chuva.

Depois de muita brincadeira e conversa, concluímos que era preciso fazer algo útil com aquela água toda e decidimos pensar em invenções que ajudassem todas as pessoas a viver melhor com a chuva.

Combinamos que cada um iria trabalhar em sua casa e marcamos um novo encontro para o sábado seguinte. Teríamos que ser criativos, para não chover no molhado.

Fora eu, que já estava em casa, todos saíram da reunião inundados de ideias na cabeça.

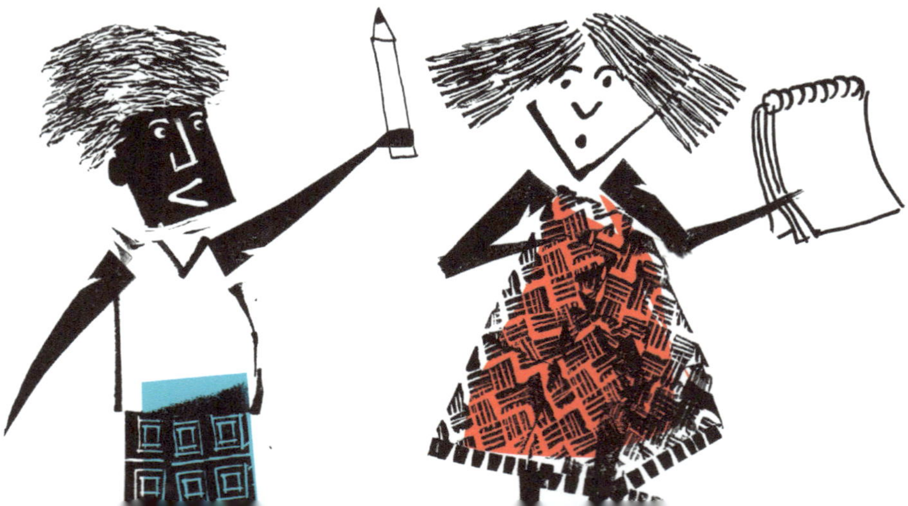

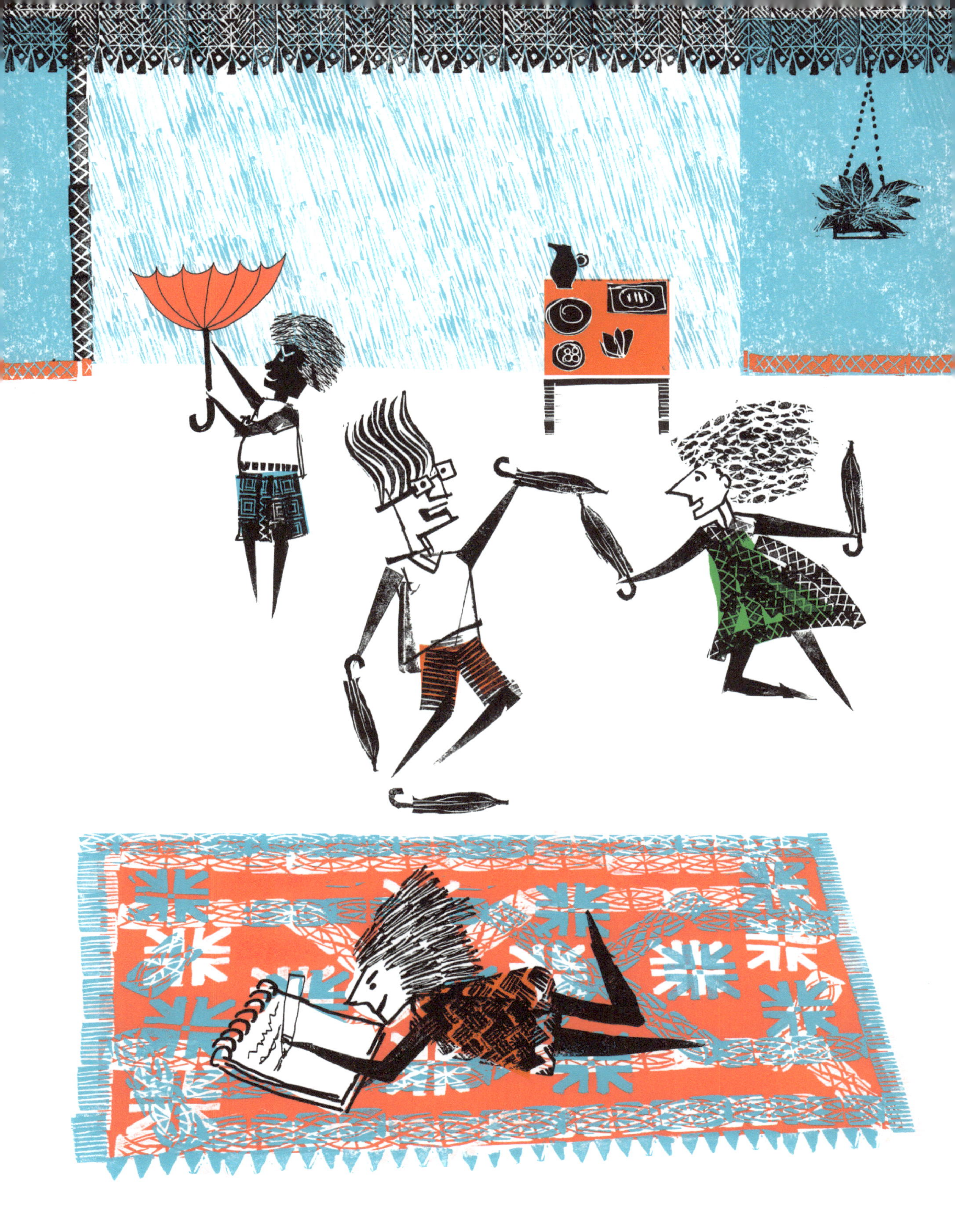

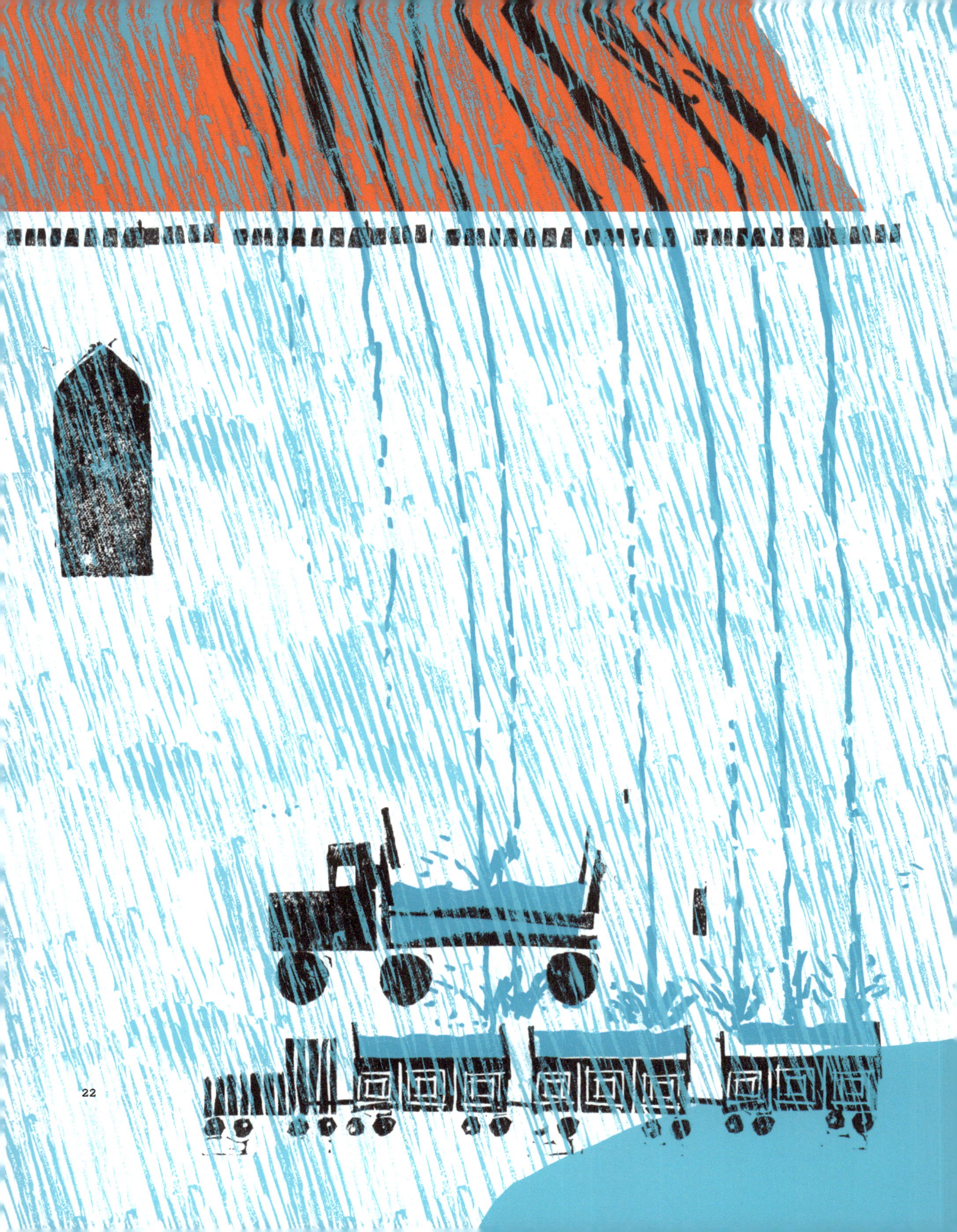

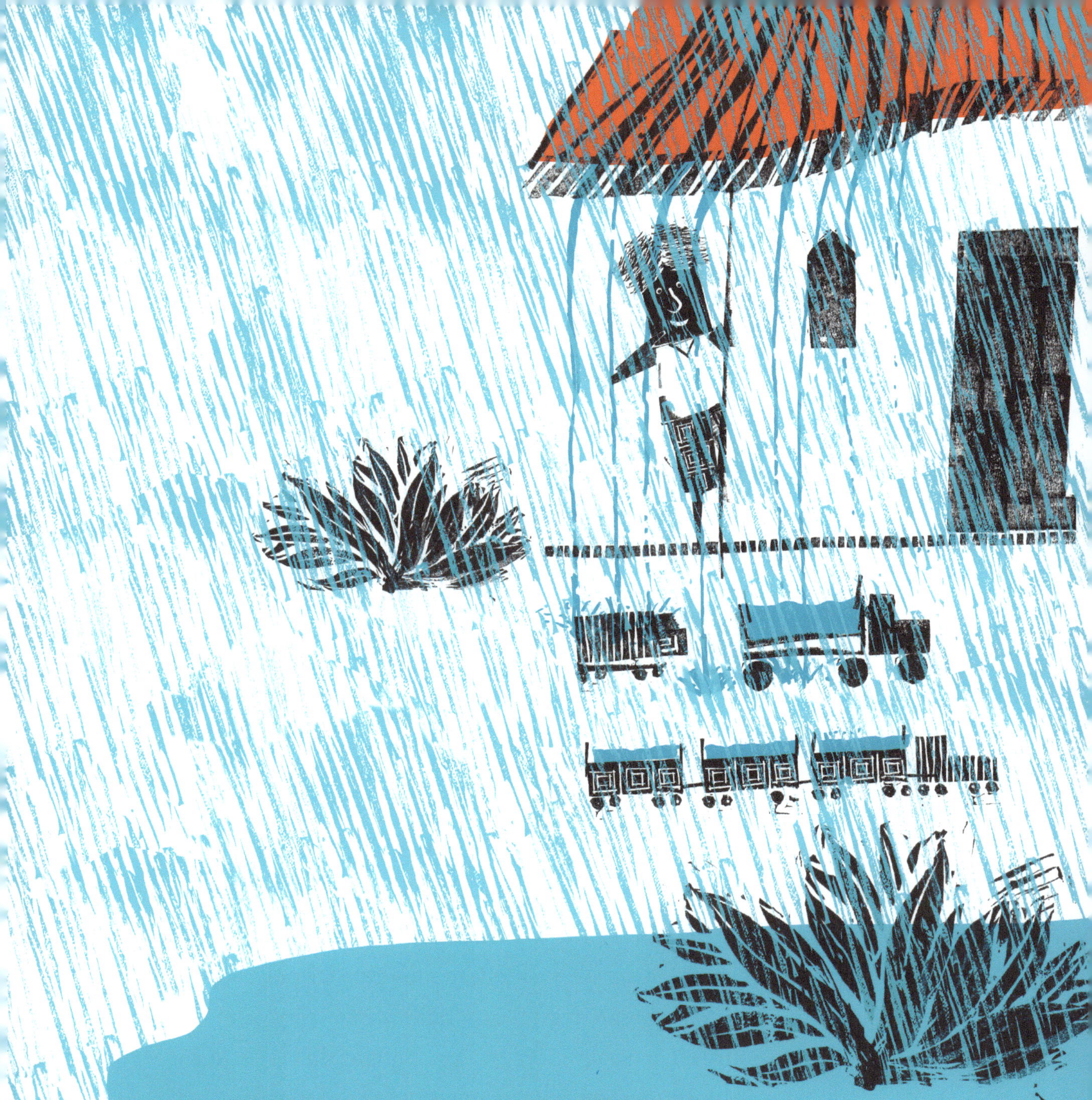

No caminho de volta — soube depois —, alguns dos meus amigos viveram situações inspiradoras, que se transformariam em soluções geniais. E não é que Tonico se tornou um gênio de verdade?

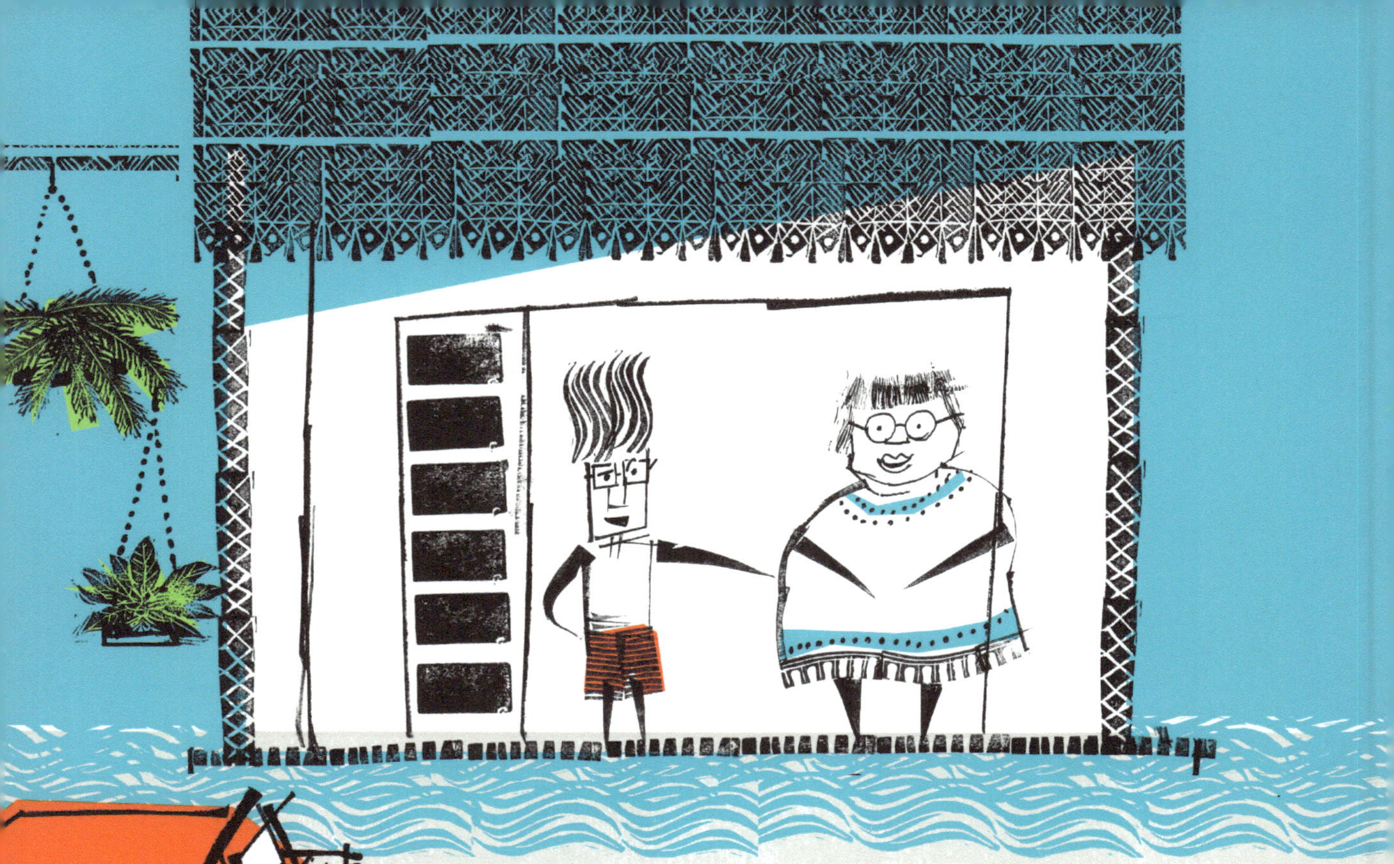

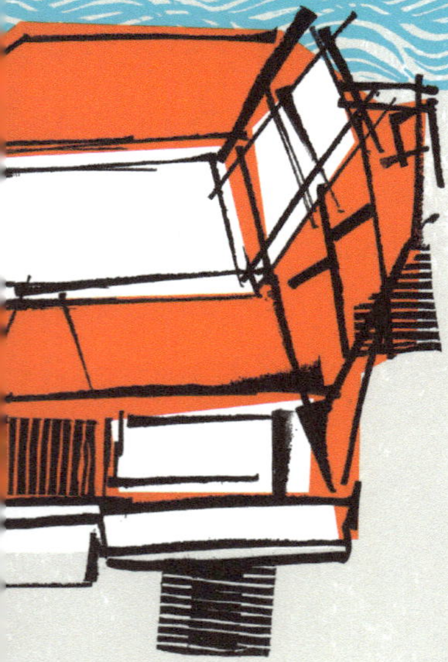

Comecei minha parte do trabalho conversando com a vovó, que morava com a gente. Ela contou que nosso quintal de cimento já havia sido uma horta bem verdinha, da qual ela mesma cuidava.

No dia seguinte, para espanto de todos, Vó Sônia e eu quebramos o cimentado do quintal para refazer a horta. Eu até fiquei com bolhas nas mãos. A mamãe adorou, o papai disse que era o lugar do carro. Já a vovó, que parecia uma menina de tão feliz, disse para ele, seu filho, que carro não é gente e não precisa morar em casa.

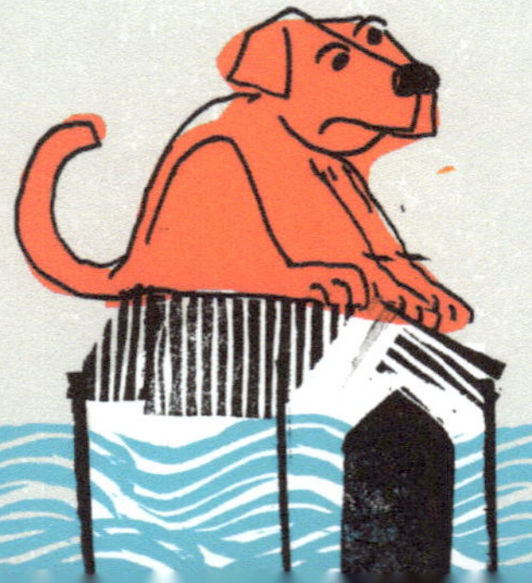

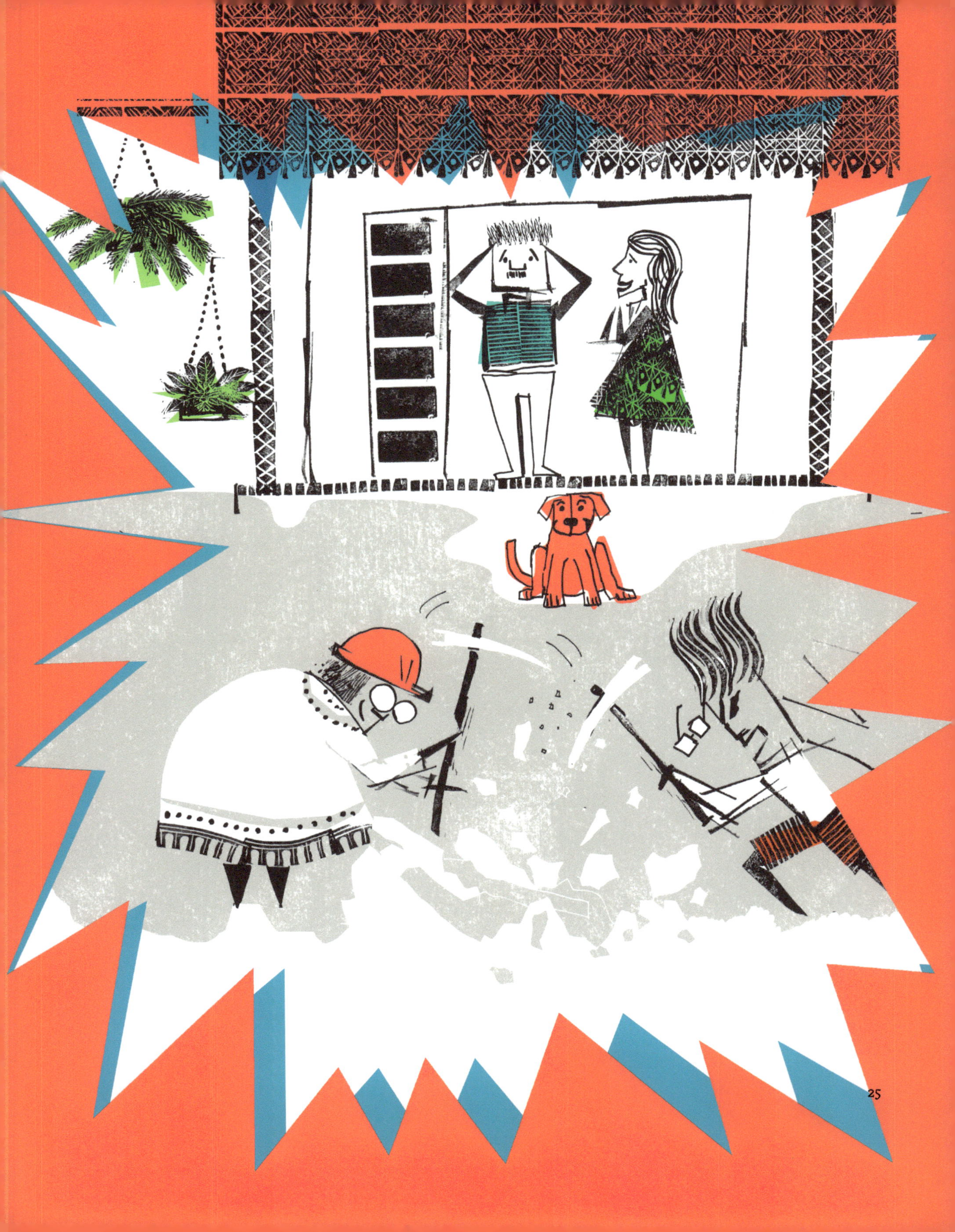

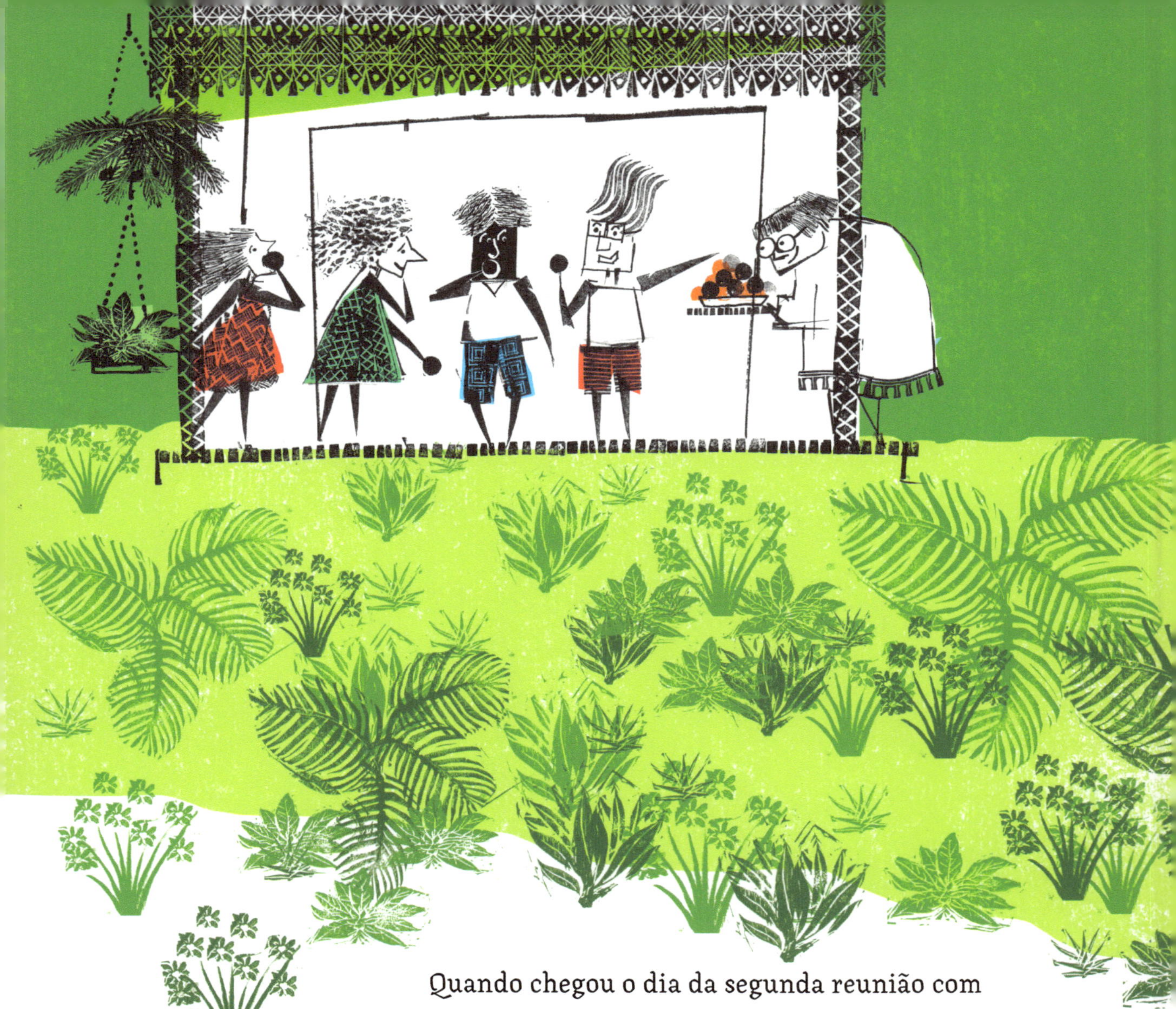

Quando chegou o dia da segunda reunião com meus amigos, vovó e eu surpreendemos todos eles mostrando o que havíamos feito no quintal. Depois, ela nos serviu bolinhos de chuva e contou histórias do seu tempo.

Com a experiência do quintal, eu tinha descoberto que a terra bebia muita água da chuva. Mostrei para o pessoal os desenhos das minhas ideias sobre a cidade verde total, das calçadas até os telhados.

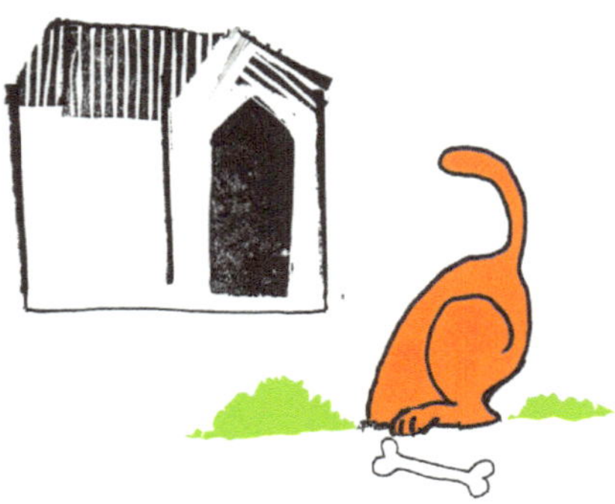

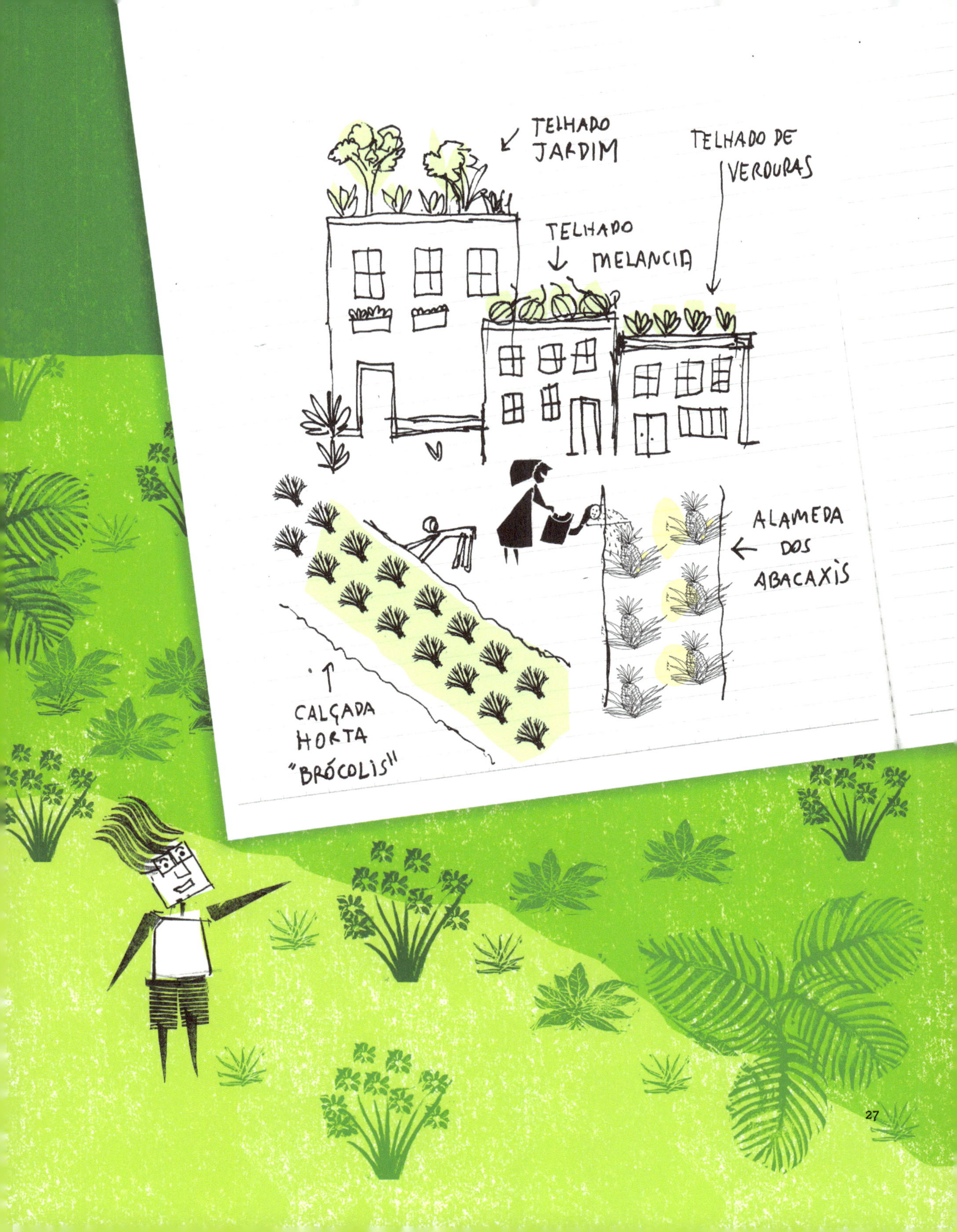
TELHADO JARDIM
TELHADO DE VERDURAS
TELHADO MELANCIA
ALAMEDA DOS ABACAXIS
CALÇADA HORTA "BRÓCOLIS"

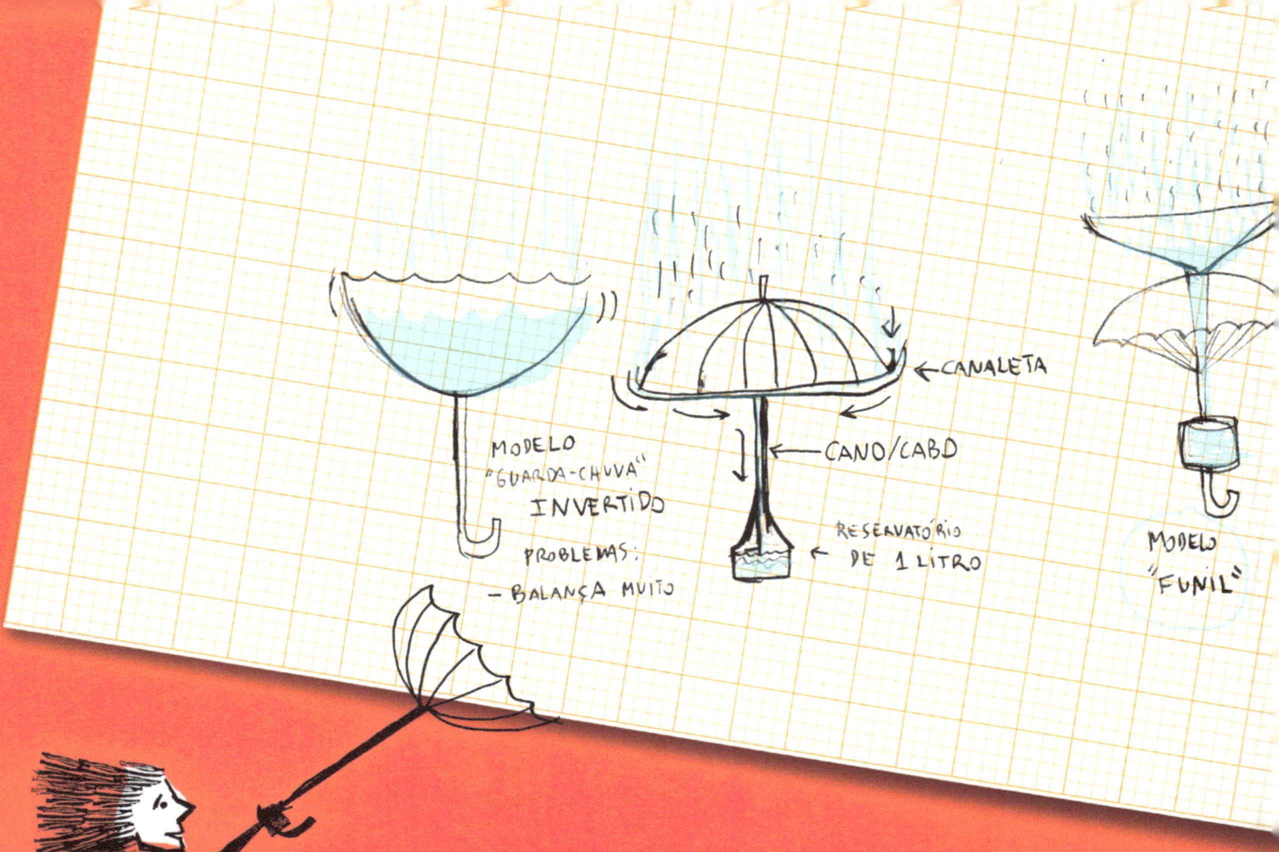

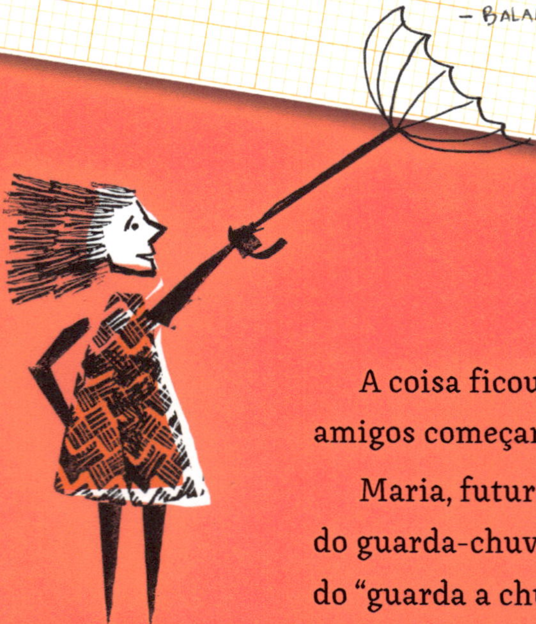

A coisa ficou ainda mais divertida quando meus amigos começaram a mostrar suas incríveis invenções!

Maria, futura engenheira, aproveitou o exemplo do guarda-chuva invertido do Tonico e criou o projeto do “guarda a chuva”, que coletava e armazenava a água que caía no guarda-chuva. Ela desenhou vários modelos, com diferentes soluções para guardar e reutilizar a água coletada.

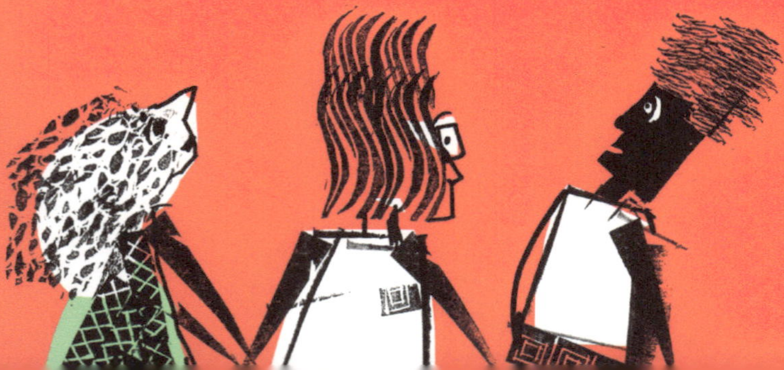

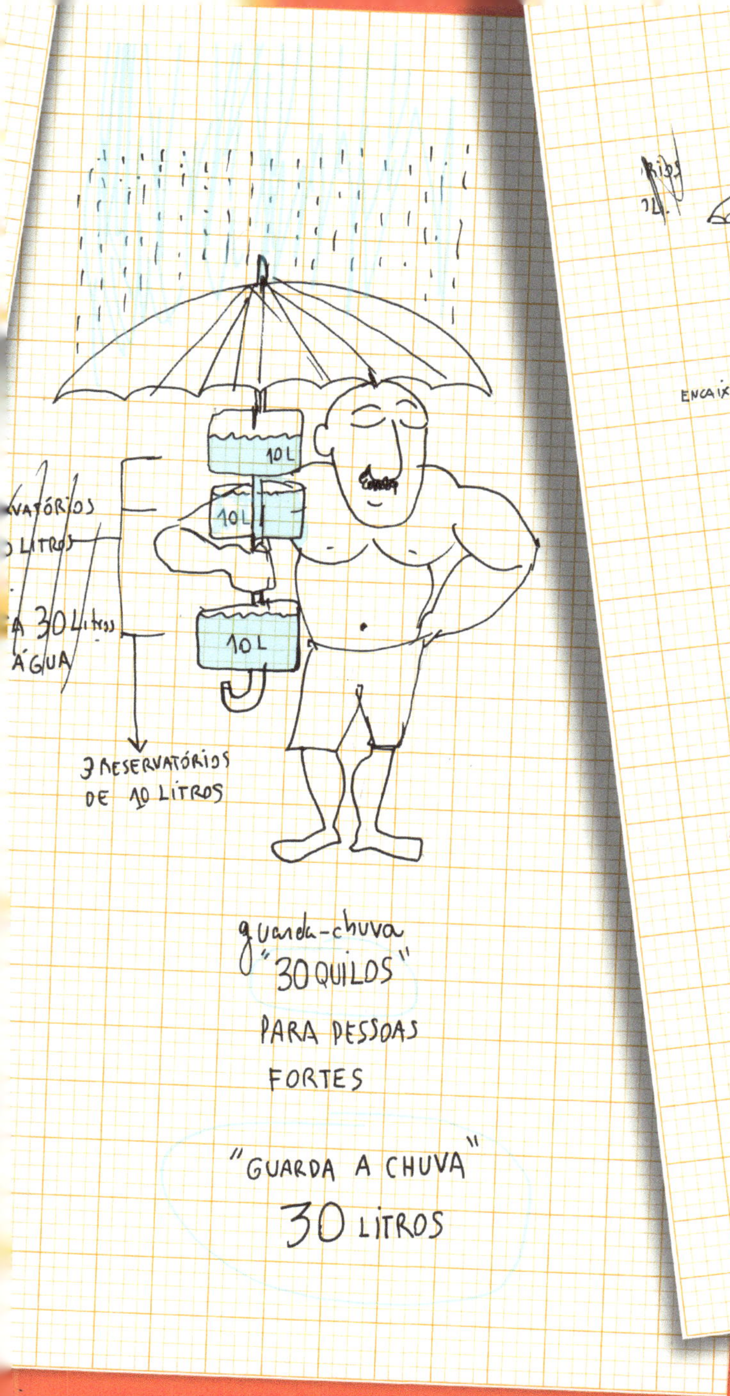

10L
10L
10L
A 30 Litros
ÁGUA
3 RESERVATÓRIOS
DE 10 LITROS
guarda-chuva
"30 QUILOS"
PARA PESSOAS
FORTES
"GUARDA A CHUVA"
30 LITROS

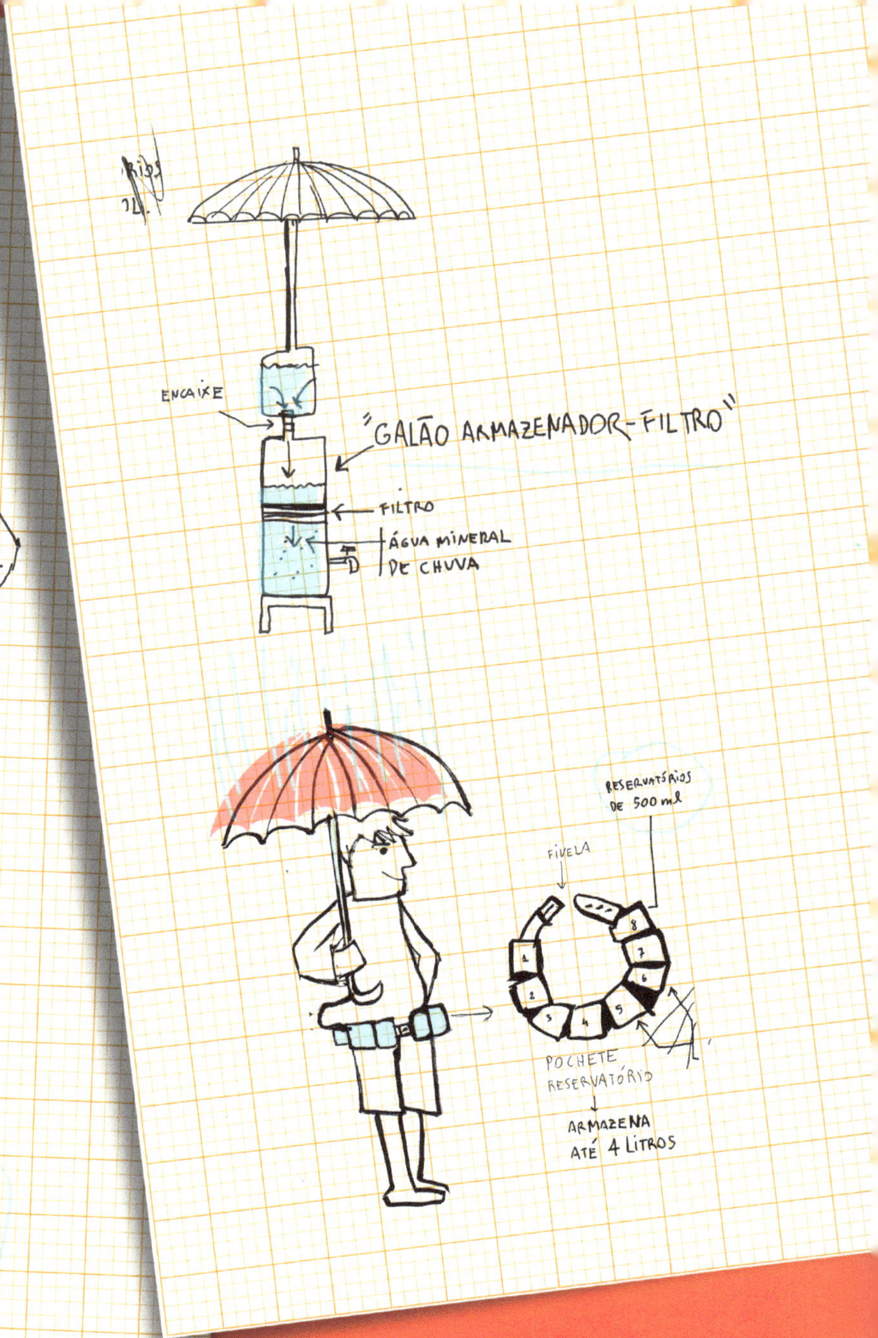

ENCAIXE
"GALÃO ARMAZENADOR-FILTRO"
FILTRO
ÁGUA MINERAL
DE CHUVA
RESERVATÓRIOS
DE 500 ml
FIVELA
POCHETE
RESERVATÓRIO
ARMAZENA
ATÉ 4 LITROS

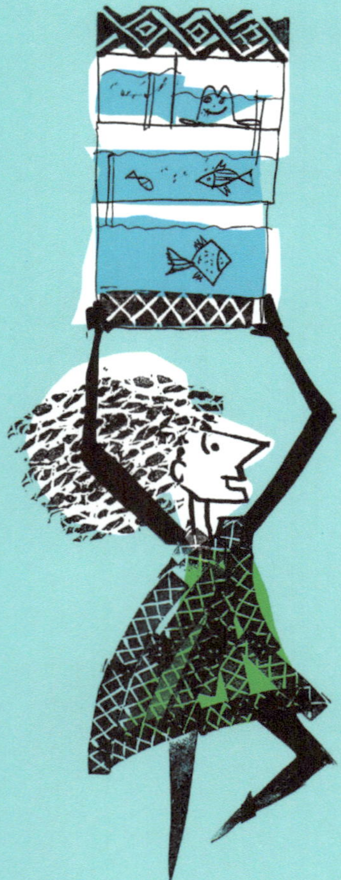

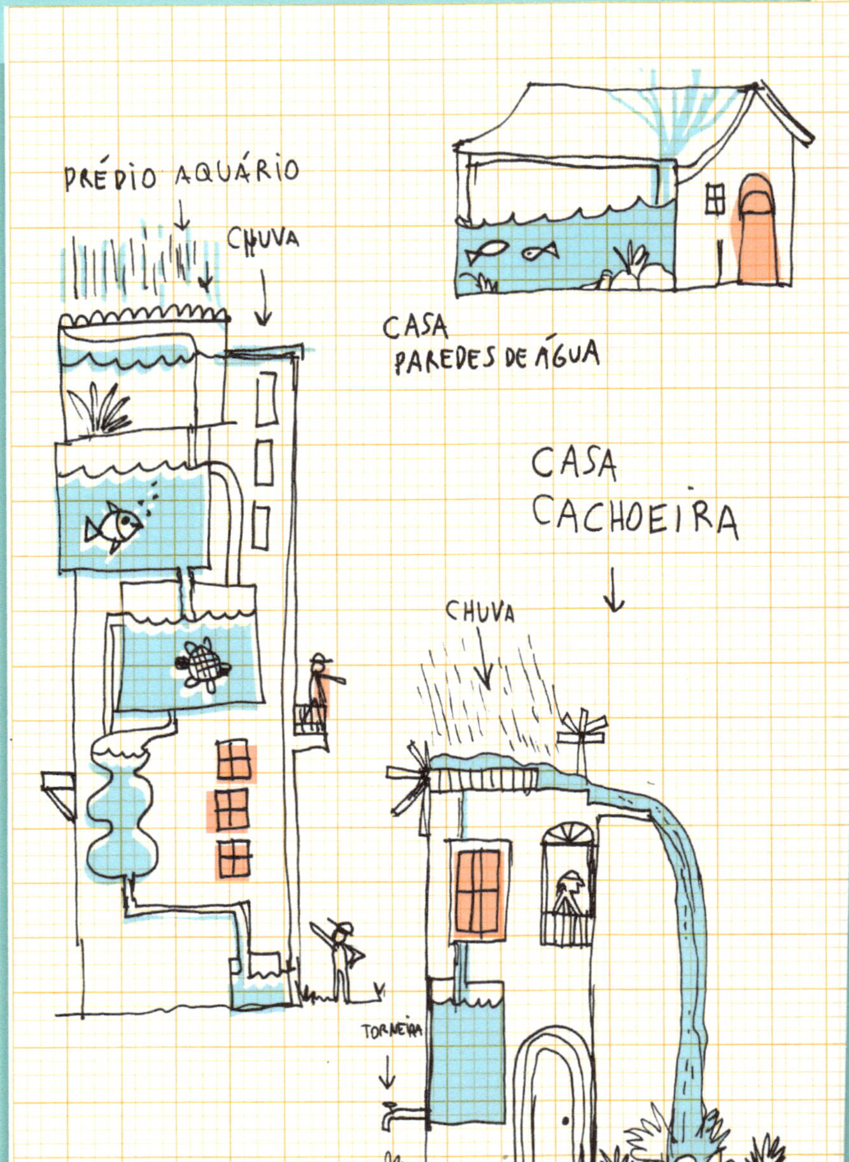
PRÉDIO AQUÁRIO
CHUVA
CASA
PAREDES DE ÁGUA
CASA
CACHOEIRA
CHUVA
TORNEIRA

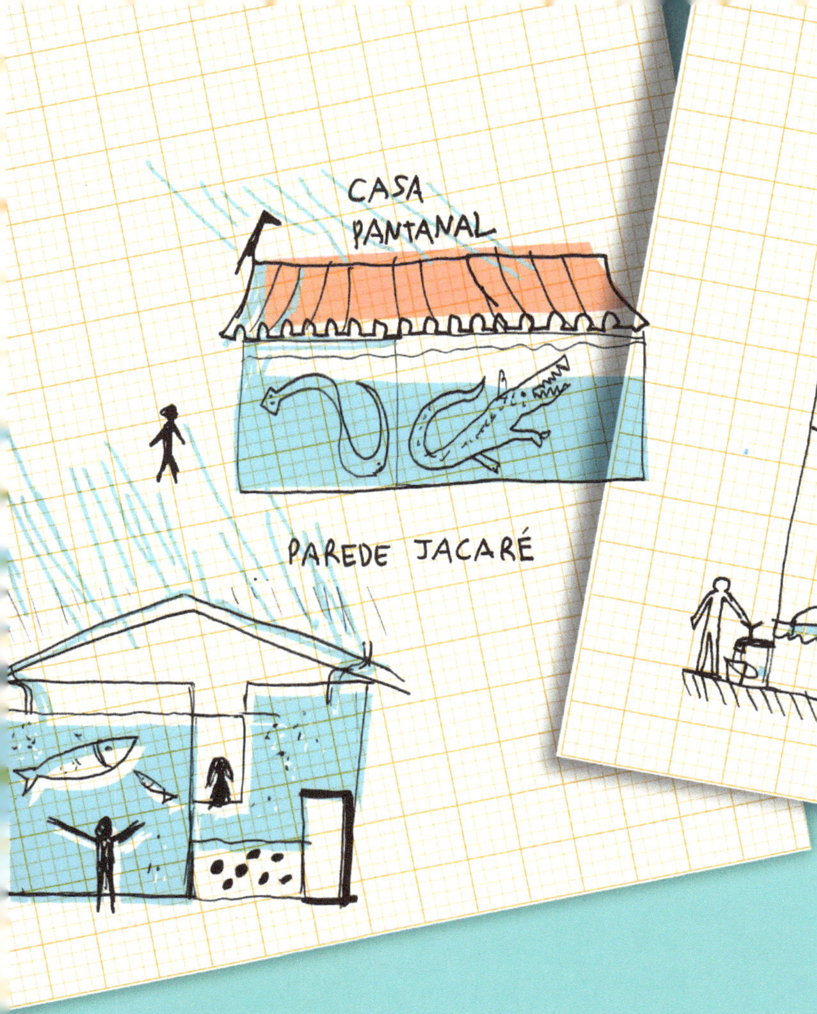

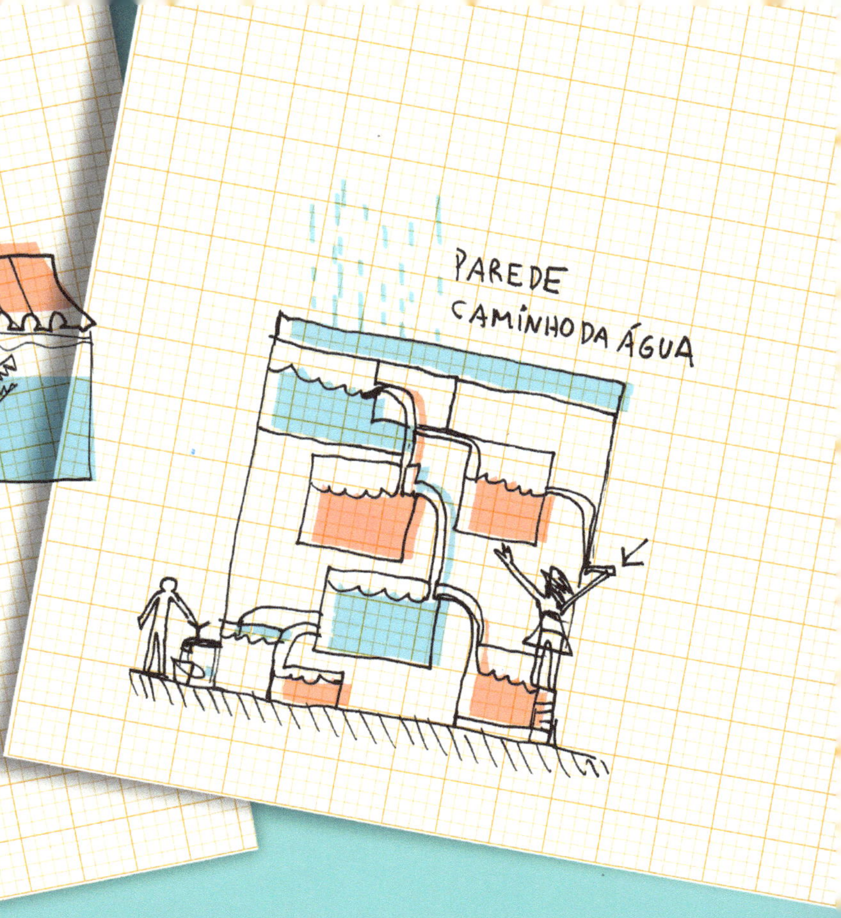

Já a ideia de Lucinha, que se tornou uma artista visual, nasceu de um banho inesperado que viu um menino tomar com a água que ficou “embarrigada” em um toldo. Ela pensou em reutilizar a enorme quantidade de água que cai dos telhados de casas e prédios e inventou, então, diferentes tipos de reservatório para isso, com variados caminhos e finalidades. As paredes-aquário de Lucinha eram verdadeiras obras de arte.

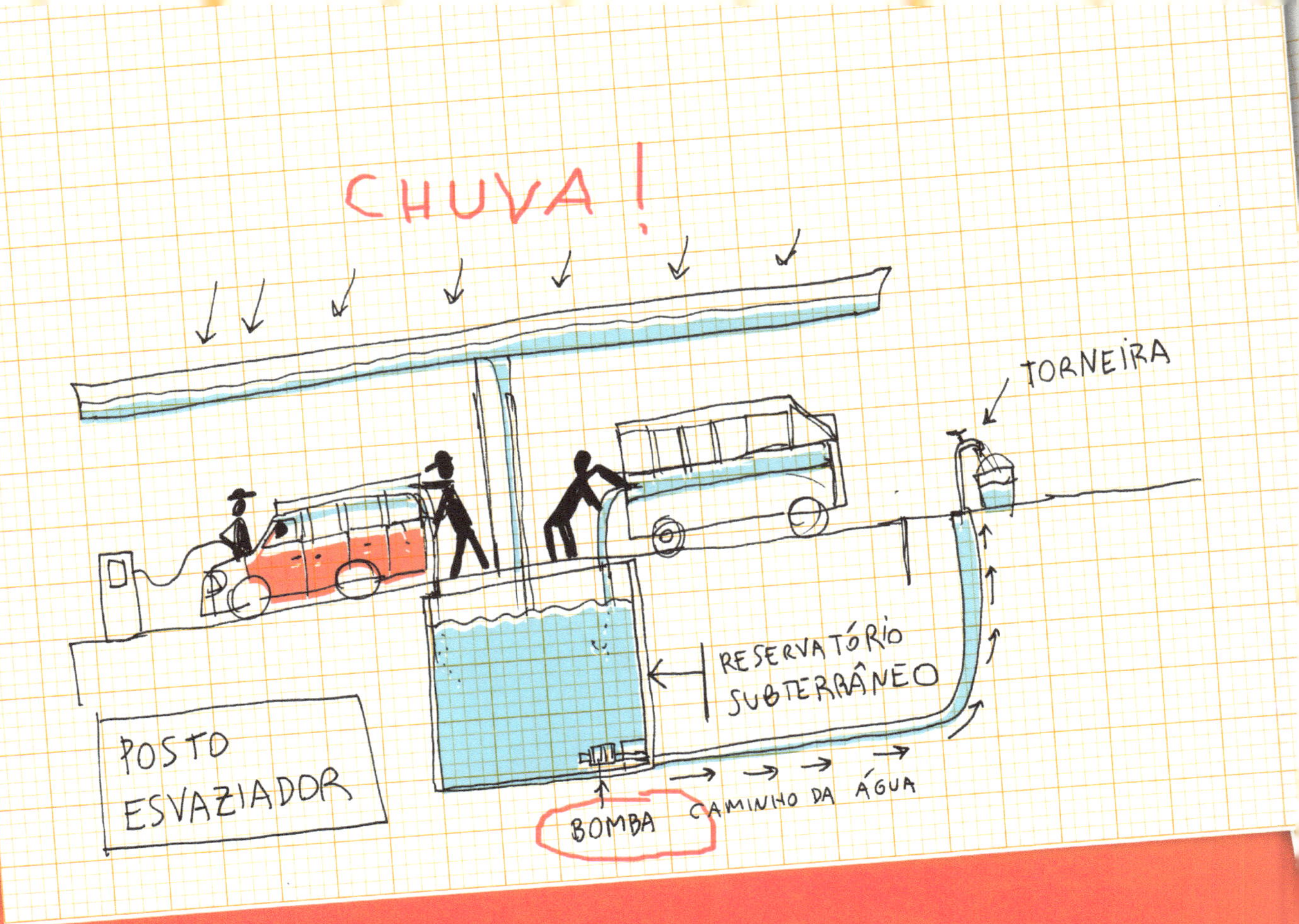

E foi então que o Tonico mostrou por que viria a se tornar um cientista: inventou o revolucionário carro-piscininha. Mas demoramos para entender como funcionava sua criação...

Ele nos contou que teve essa ideia ao ver os carrinhos do seu irmão cheios de água lá no quintal de sua casa.

Graças ao Tonico, hoje, quase todos os carros têm piscininha para armazenar um bom volume de água da chuva.

Essa e muitas outras criações tornaram o Tonico um grande inventor. Aliás, é por isso que agora estou de volta a São Paulo, para entrevistá-lo.

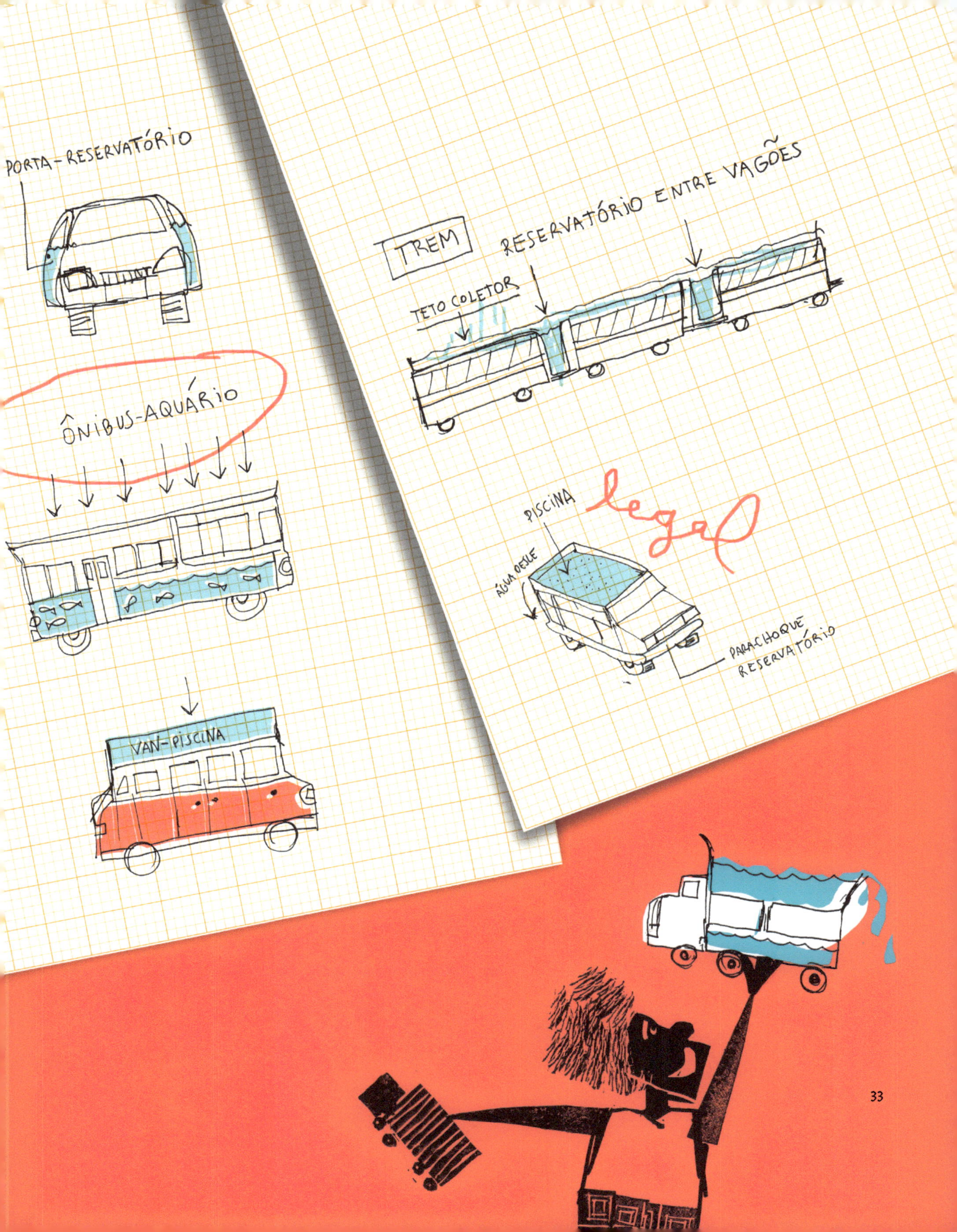
PORTA-RESERVATÓRIO
ÔNIBUS-AQUÁRIO
VAN-PISCINA
TREM
RESERVATÓRIO ENTRE VAGÕES
TETO COLETOR
PISCINA
legal
ÁGUA DESCE
PARACHOQUE RESERVATÓRIO

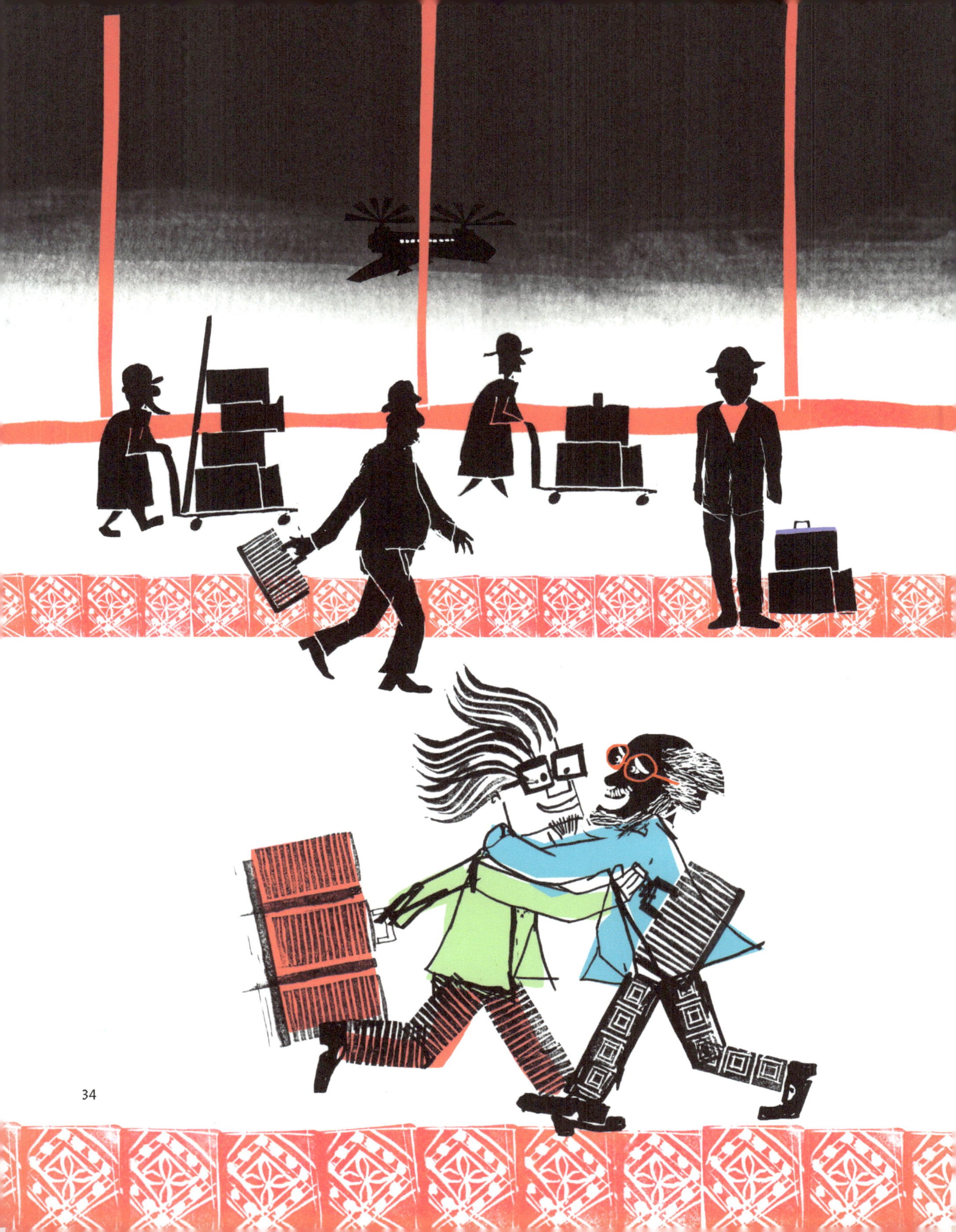

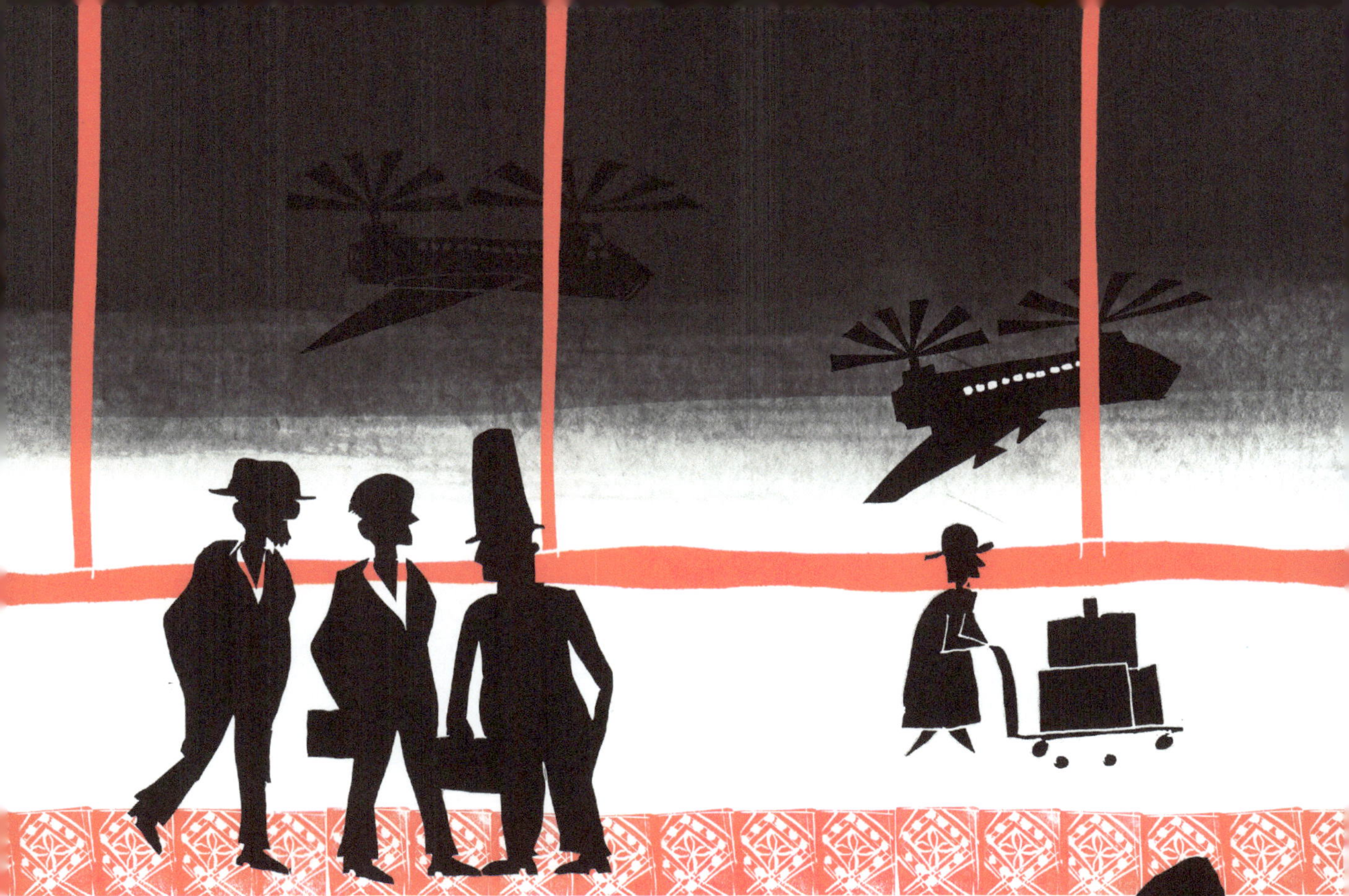

Ao sair no desembarque, quase não reconheci o Tonico, meio careca, sem aquela juba. Trocamos um abraço forte e ficamos emocionados.

Como me atrasei, enquanto esperava, ele aproveitou para recarregar a bateria do carro. Logo foi me contando divertidamente de muitas invenções suas que não funcionaram.

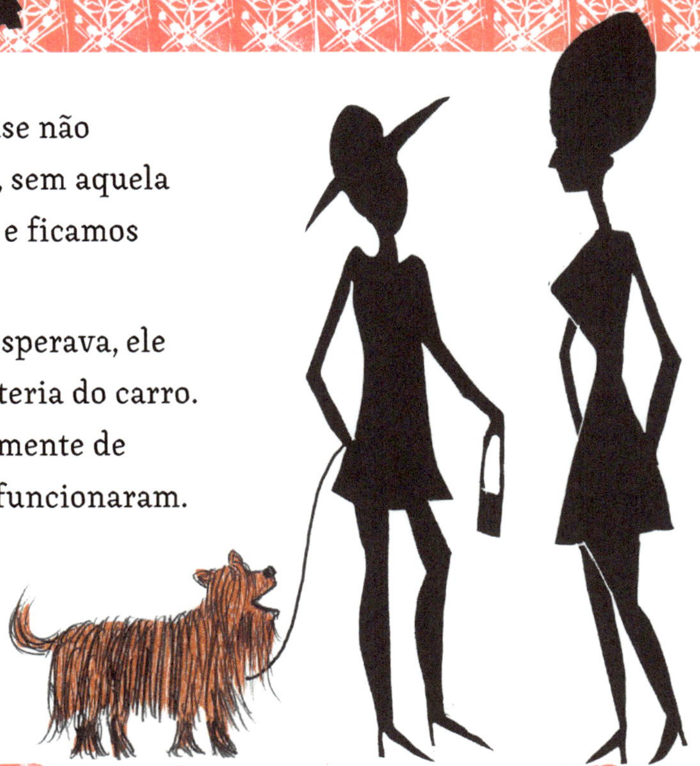

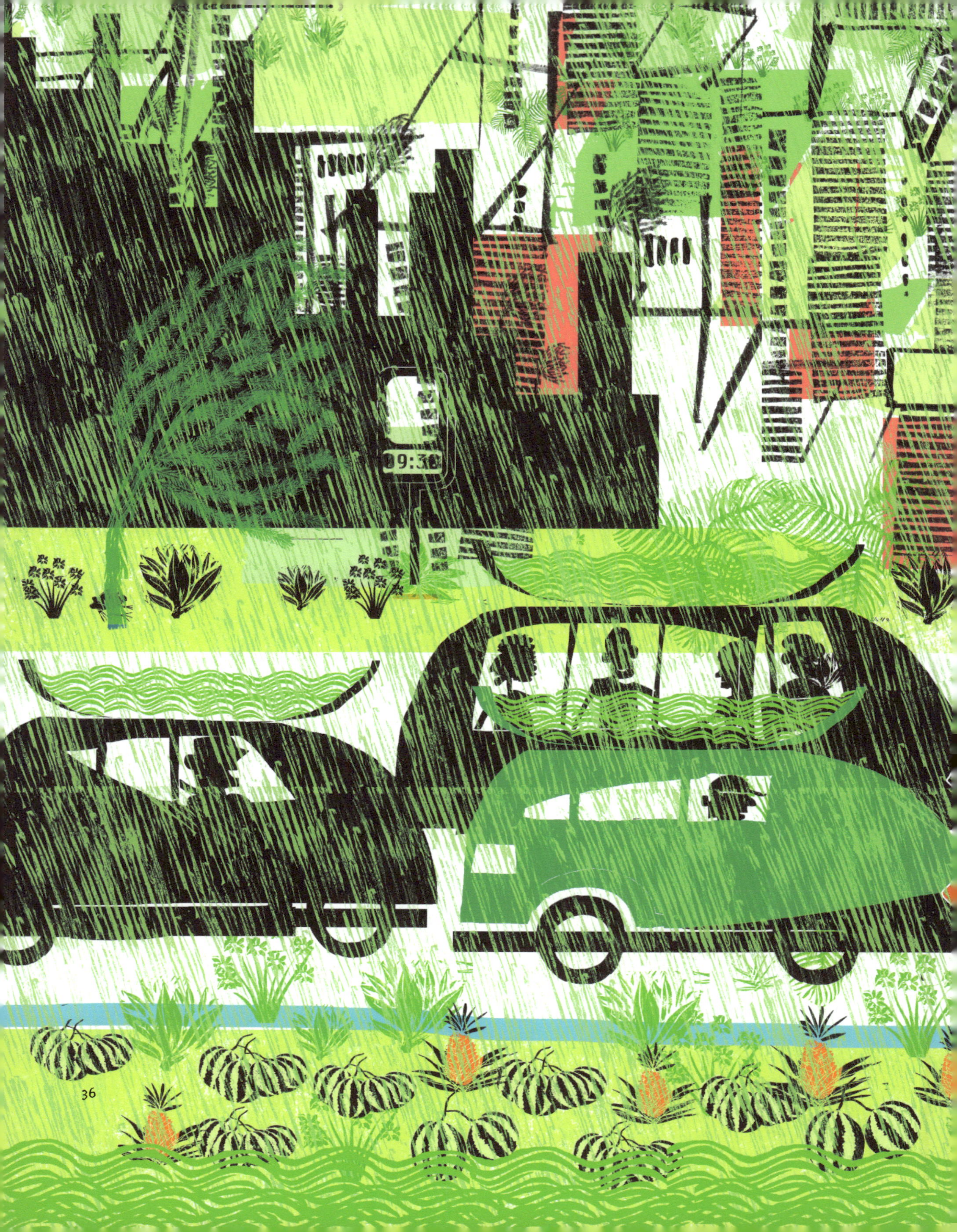

Ao sair do aeroporto, entramos em uma grande avenida, a mesma por onde eu costumava passar de carro com minha mãe (e com minha irmã). Foi então que percebi por que a cidade estava quase irreconhecível: a região tinha muitos prédios novos, mas o trânsito estava organizado, as calçadas eram verdes por causa das plantações e, mesmo debaixo daquela tempestade, não havia inundação!

Eu não podia imaginar que nossas ideias e muitas outras iriam mudar o mundo para melhor.

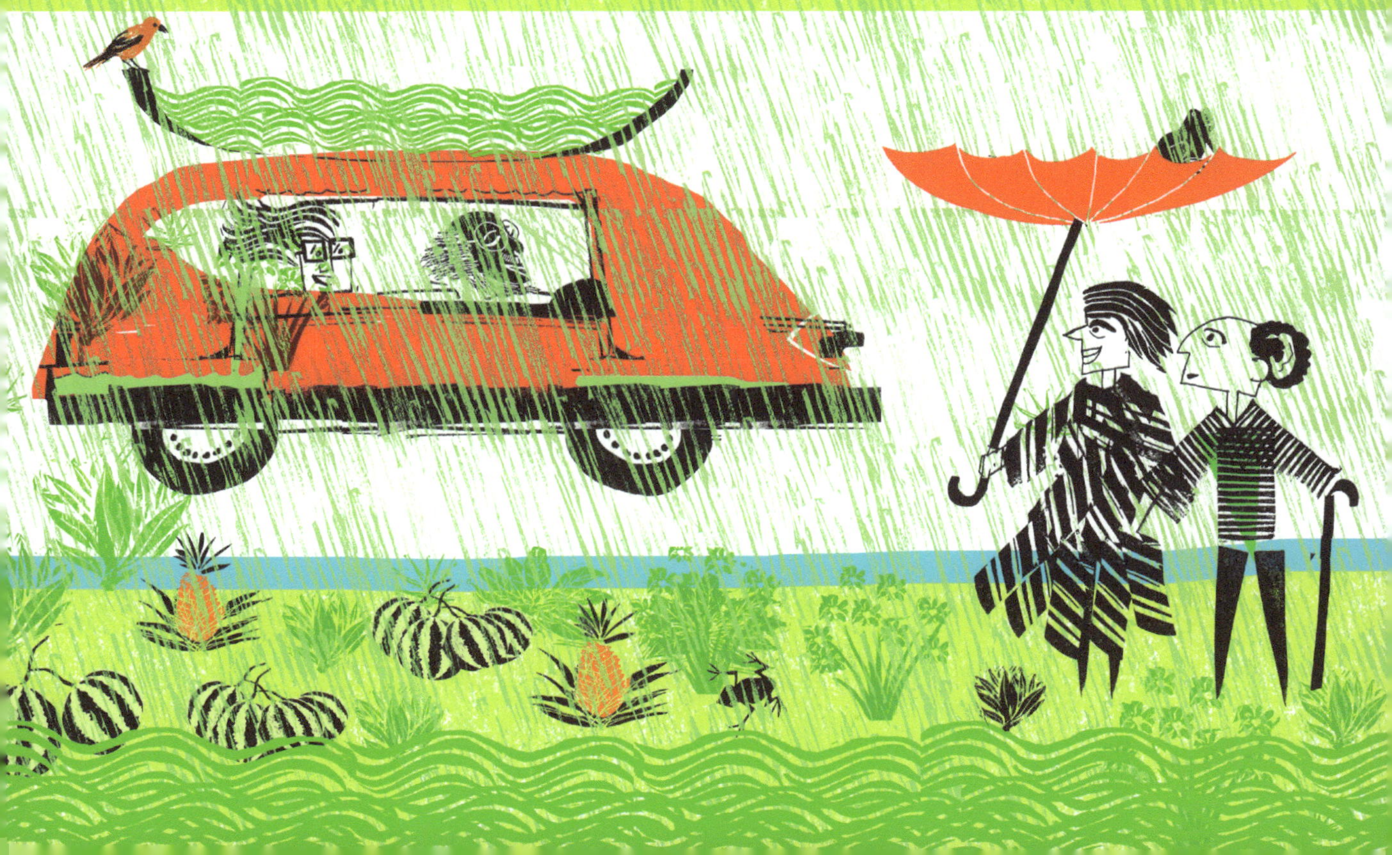

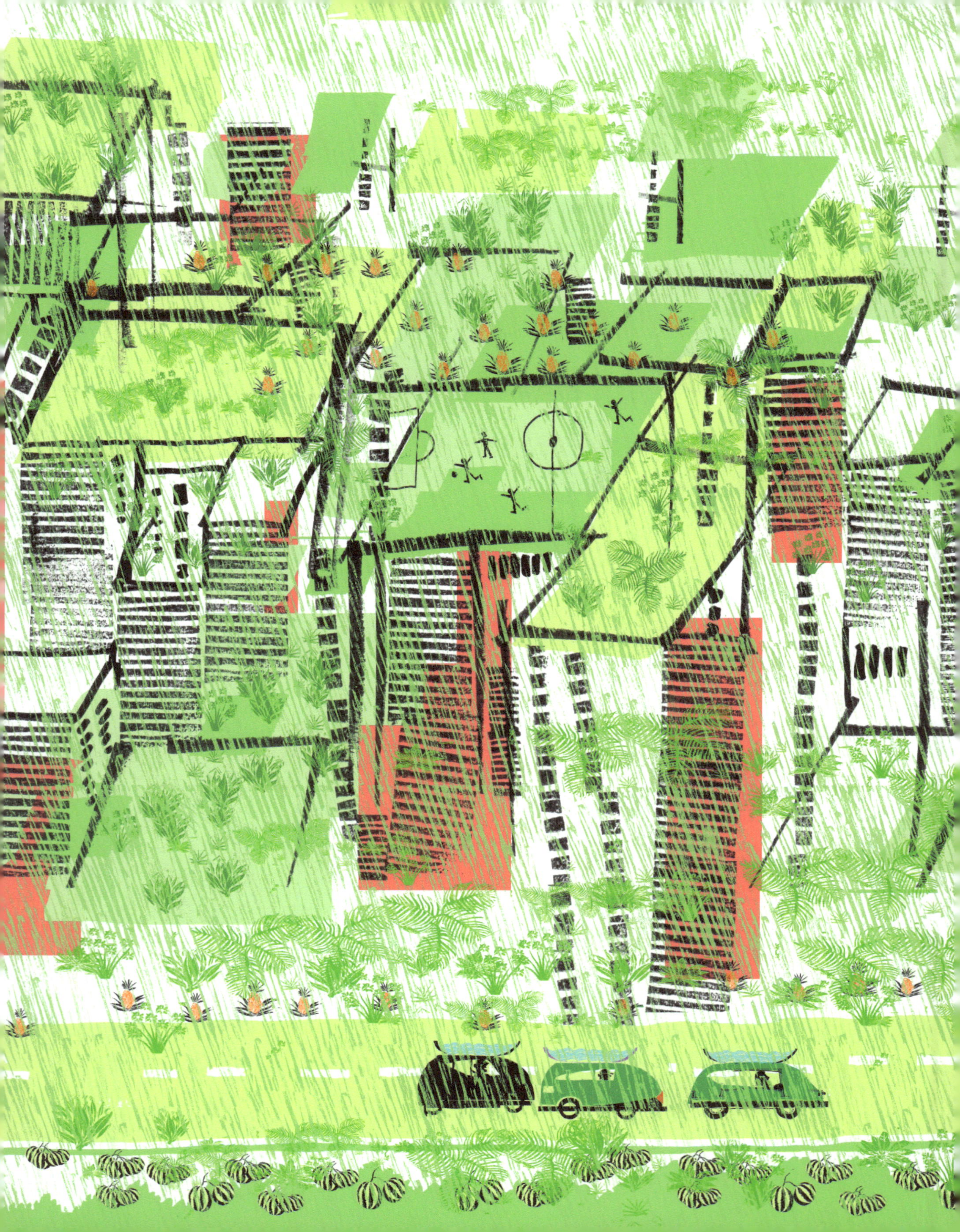

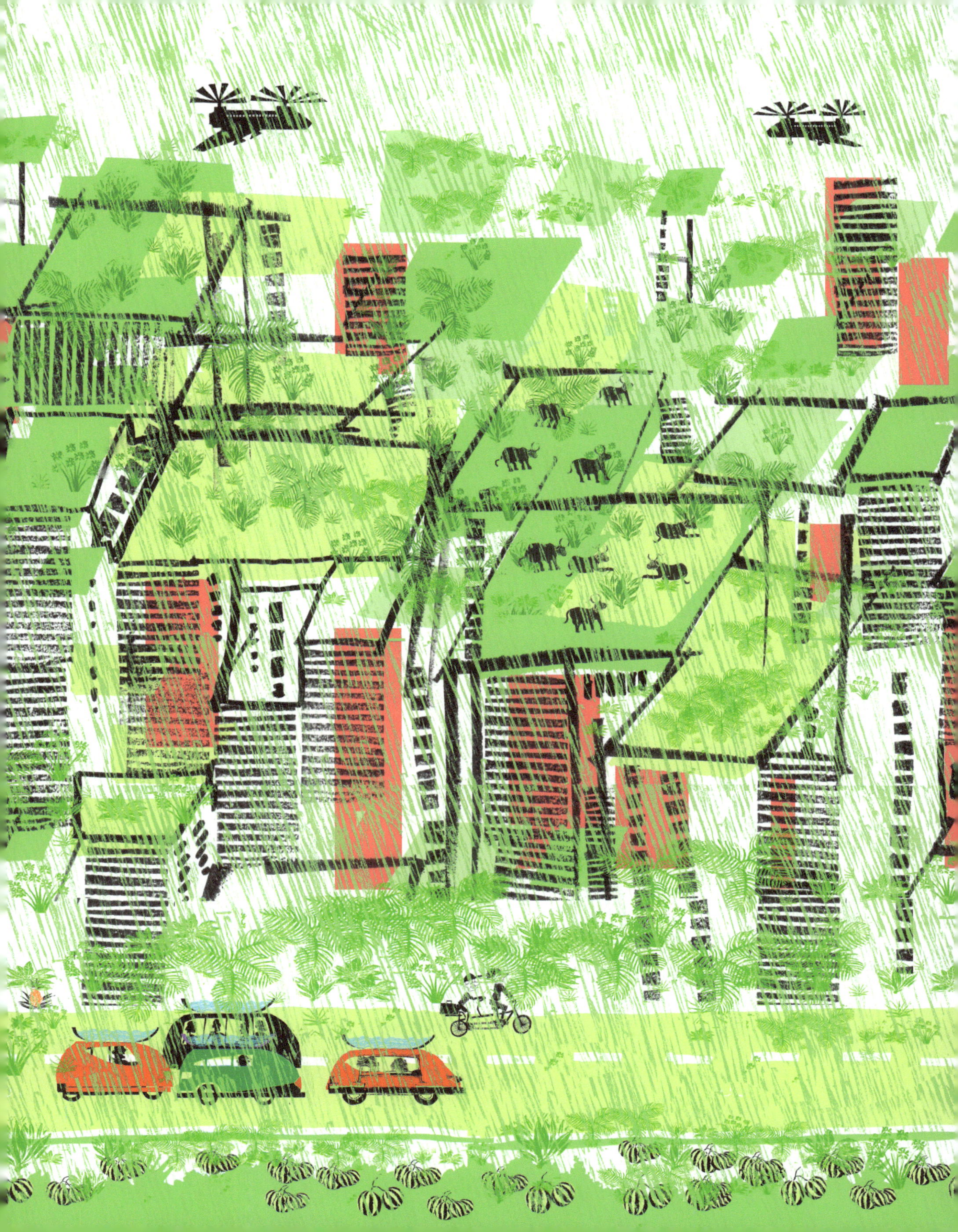

IDEIAS PARA MUDAR O MUNDO

Assim como Tonico e a turma do Carlinhos, jovens de todo o mundo estão quebrando a cabeça para descobrir como ajudar o planeta.

O problema é urgente! As mudanças climáticas e a intensa exploração dos recursos naturais pelo homem podem fazer desaparecer florestas e inúmeras espécies animais. Além disso, tais transformações ameaçam a existência de nossa própria espécie. Por isso não há tempo a perder.

Recentemente, a estudante sueca Greta Thunberg (2003-) começou a fazer paralisações em sua escola para alertar a comunidade a respeito das questões climáticas. Sua iniciativa, que começou como um movimento individual, em pouco tempo inspirou milhares de pessoas em todo o mundo.

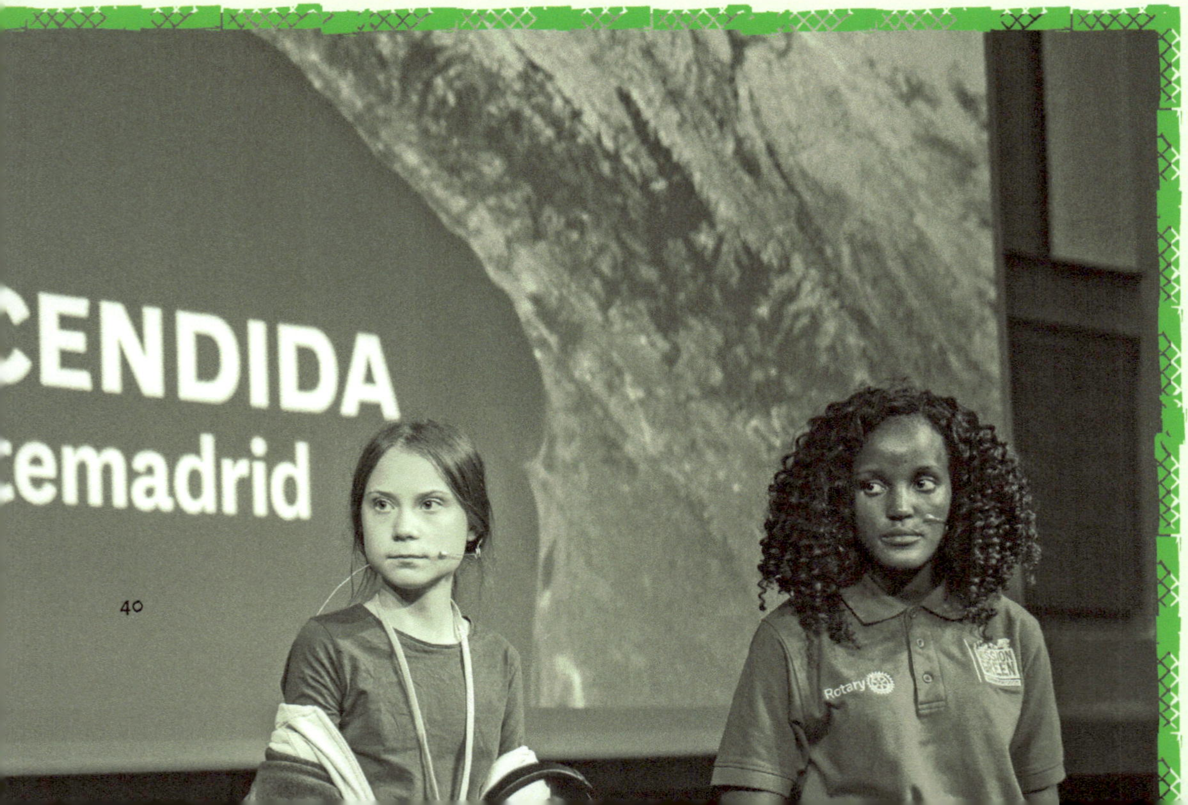

Greta Thunberg e Vanessa Nakate na COP25, Conferência sobre o Clima da Organização das Nações Unidas, que aconteceu em Madri, na Espanha, em dezembro de 2019.

Entre as pessoas inspiradas pela ação de Greta, está a jovem Vanessa Nakate (1996-), de Uganda, na África, que no início de 2019 começou a organizar paralisações em sua cidade, Kampala, a capital do país. Posteriormente, com outros ativistas, Vanessa fundou o The Rise Up Movement, que reivindica ações climáticas nos países africanos. Segundo estudos, o continente africano, por ser considerado economicamente pobre e contar com poucos recursos para lidar com os desafios ambientais, é o mais vulnerável às mudanças climáticas e o que mais sofrerá os efeitos do aquecimento global.

A MAIOR LIMPEZA DA HISTÓRIA

Estima-se que existam hoje mais de 5 trilhões de peças de plástico flutuando nos oceanos.

Ao tomar consciência desse problema, aos 15 anos, o jovem holandês Boyan Slat (1994-) teve uma ideia: criar uma barreira nos oceanos para captar os plásticos flutuantes, formando uma ilha com esses materiais, que poderiam ser retirados e reciclados posteriormente.

Depois de muitos estudos, em 2013, Boyan criou a organização The Ocean Cleanup, que conseguiu arrecadar 2,2 milhões de dólares em campanhas de financiamento coletivo pela internet e com grandes investidores para a causa dos oceanos. Inicialmente, o dinheiro foi direcionado para a limpeza de uma área do Pacífico, entre o litoral da Califórnia e as ilhas do Havaí, nos Estados Unidos.

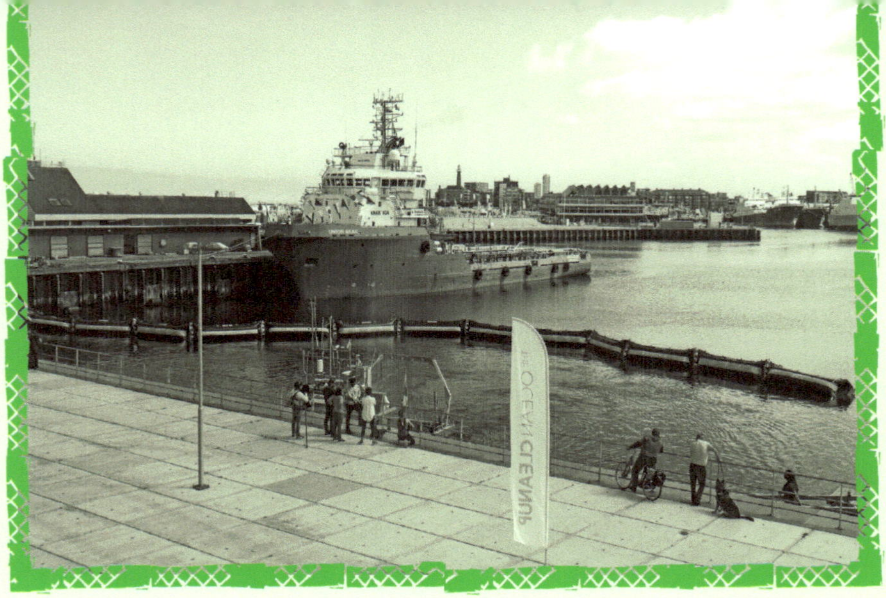

Uma amostra do projeto The Ocean Cleanup, na Holanda, em junho de 2016.

O projeto usa tecnologia limpa e funciona, basicamente, com a força das correntes marítimas. Além disso, também retira plásticos de rios, antes que cheguem aos mares. Seu objetivo é limpar 90% da poluição plástica dos oceanos. Por causa disso, o projeto tem sido chamado de "a maior limpeza oceânica da história".

ACREDITE EM SEUS SONHOS

No Brasil, a jovem baiana Anna Luísa Beserra Santos (1998-) desenvolveu um sistema de purificação da água captada das chuvas para torná-la própria ao consumo. Sua invenção recebeu o nome de Aqualuz.

No semiárido, o lugar mais seco da região Nordeste, as águas pluviais são armazenadas em reservatórios – as cisternas – mas geralmente são impróprias para o consumo. Com a invenção de Anna Luísa, primeiramente a água das cisternas é filtrada com um pano. Em seguida, é armazenada em um reservatório com uma tampa de vidro e fica exposta à luz do sol, que elimina as impurezas. Um indicador presente nesse sistema mostra, então, quando a água está pronta para o consumo.

Por causa do Aqualuz, Anna Luísa foi a primeira brasileira a ganhar o prêmio Jovens Campeões da Terra, da Organização das Nações Unidas (ONU), em 2019.

Esse sistema de purificação da água já tem mais de 250 unidades em uso no Brasil e beneficia em torno de 1250 pessoas. A previsão é de que, em breve, o país conte com mais de mil unidades do Aqualuz. O projeto também será implantado em Madagascar, na África.

Anna Luísa aconselha os jovens que desejam ser cientistas e inventores a não desistir. "As pessoas me mandavam desistir o tempo todo. Diziam que Ciências não dá dinheiro no Brasil e falavam para eu procurar outra carreira. Mas a gente precisa acreditar nos nossos sonhos. Só nós podemos dizer o que podemos fazer!"

E você, também tem alguma ideia que pode ajudar o planeta?

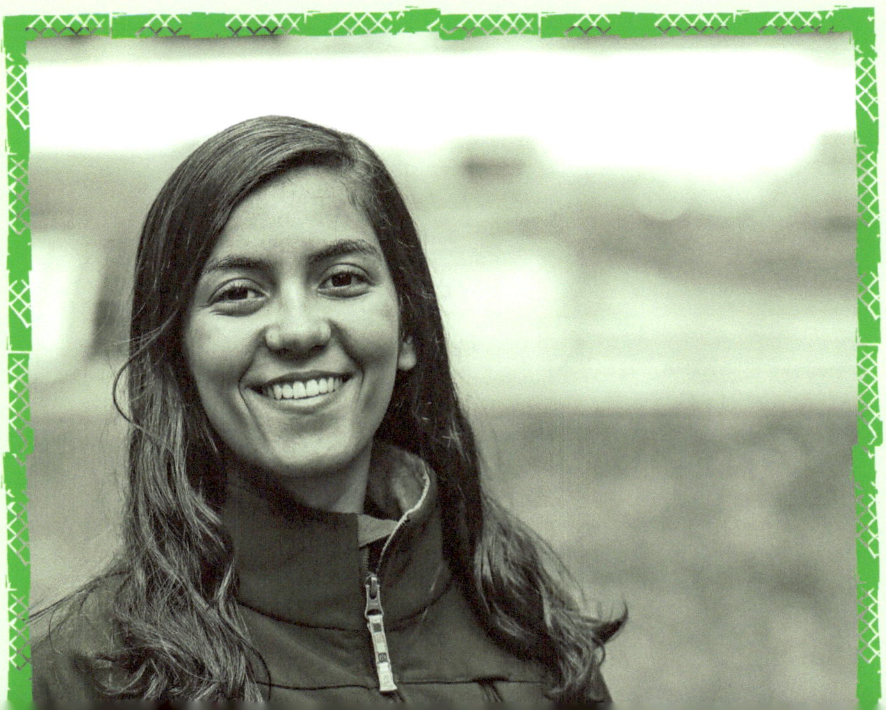

A baiana Anna Luísa Beserra Santos.

MICHEL GORSKI

Michel Gorski nasceu em São Paulo, onde vive e trabalha. Atua como arquiteto e escritor e é coeditor, com Abílio Guerra, desde 2007, do *site* www.arquiteturismo.com.br.

Com Sílvia Zatz, escreveu e publicou o livro *Por um triz: o enigma dos gnomos pigmeus* (Rocco, 2011), os infantis *Irerê da Silva* (Terceiro Nome, 2014) e *A mão livre do vovô* (Terceiro Nome, 2016), e o romance adulto *O soprador* (Terceiro Nome, 2014). O primeiro livro editado em parceria com Fernando Vilela foi *A menina da placa* (Lafonte, 2012).

Sua aventura na escrita começou nos anos 2000, com textos sobre turismo, roteiros a pé por São Paulo e produção de literaturas infantojuvenil e adulta. Assinou, entre 2004 e 2008, a coluna "Turista na sua cidade", na revista *Host*.

No escritório Barbieri & Gorski Arquitetos Associados, atua em projetos nas áreas de arquitetura, espaços lúdicos e urbanísticos. Foi diretor de projetos e de operações do Parque da Mônica de São Paulo.

FERNANDO VILELA

Fernando Vilela nasceu em São Paulo, onde vive e trabalha. Além de escritor e ilustrador de livros, é artista visual, *designer*, pesquisador e professor de arte e de livros ilustrados. Atua no Bináh Espaço de Arte (@ateliebinah).

Ilustrou mais de 90 livros, dos quais 20 são de sua autoria; o primeiro, *Lampião & Lancelote* (Pequena Zahar, 2016), recebeu em 2007 a Menção Honrosa na categoria Novos Horizontes, na Feira Internacional do Livro Infantil de Bolonha, e três prêmios Jabuti. Entre suas obras, traduzidas em 11 países, destacam-se *Tapajós* (Brinque-Book, 2015), *Aventura animal* (DCL, 2013) e *Os heróis do tsunami* (Miguilim, 2011). Em parceria com Stela Barbieri, publicou *Simbá, o marujo* (SESI, 2012) – prêmio Jabuti em 2013 –, *Aboborela* (Pulo do Gato, 2018), entre outros livros. Estreou sua parceria com Michel Gorski com *A menina da placa* (Lafonte, 2012).

Vilela realizou exposições de arte e ilustração no Brasil e em outros países. Possui obras em coleções, como a do Museum of Modern Art (MoMA), de Nova York, e a da Pinacoteca do Estado de São Paulo. Seu trabalho pode ser visto no *site* www.fernandovilela.com.br e no perfil @fe.vilela.

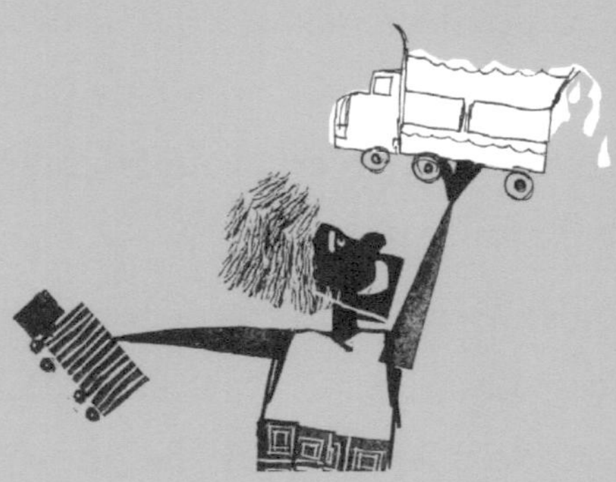

www.ingramcontent.com/pod-product-compliance
Ingram Content Group UK Ltd.
Pitfield, Milton Keynes, MK11 3LW, UK
UKHW062123300826
14795UKWH00003B/94
9788596027571